As singularidades da Escola Plural

Tarcísio Mauro Vago
Eduardo José Pereira Maia
Marileide Lopes dos Santos
Organizadores

As singularidades da Escola Plural

MAZZA
edições

AS SINGULARIDADES DA ESCOLA PLURAL

COLEÇÃO PENSAR A EDUCAÇÃO PENSAR O BRASIL

Capa
Túlio Oliveira

Revisão
Adalberto Nunes Pereira Filho, Loudes Nascimento e Paloma Santos

Diagramação
Elizabeth Miranda

S 617 As singularidades da Escola Plural / Tarcísio Mauro Vago, Eduardo José Pereira Maia, Marileide Lopes dos Santos (organizadores). – Belo Horizonte : Mazza Edições, 2014.

144 p. ; 23cm. (Coleção Pensar a Educação, Pensar o Brasil).

ISBN: 978-85-7160-648-7

1. Educação. 2. Escola Plural . I. Vago, Tarcísio Mauro. II. Maia, Eduardo José Pereira. III. Santos, Marileide Lopes dos. IV. Série.

CDD: 370
CDU: 37

Produção Gráfico-editorial
MAZZA EDIÇÕES LTDA.
Rua Bragança, 101 – Pompeia
30280-410 BELO HORIZONTE – MG
Telefax: + 55 (31) 3481-0591
edmazza@uai.com.br
www.mazzaedicoes.com.br

SUMÁRIO

APRESENTAÇÃO

As singularidades de uma Escola Plural

A *Escola Plural* foi uma experiência marcante que teve lugar na Rede Municipal de Educação de Belo Horizonte, a partir de 1995. A implantação gradativa de uma proposta de organização da escola impactou significativamente a prática pedagógica e o debate sobre o processo educacional na capital mineira.

Ousadia que materializou uma inovação pedagógica?

Ousadia que levou a um fracasso pedagógico?

O que foi essa experiência singular?

Procurar compreender e dimensionar os significados dessa maneira de organização da dinâmica escolar foi o propósito do Seminário "As singularidades da Escola Plural", que o "Projeto Pensar a Educação Pensar o Brasil" promoveu em 2011.

Implantada há quase duas décadas pela administração de Patrus Ananias,[1] em 1995, era mesmo necessário pôr em questão a proposta pedagógica da *Escola Plural*. Fazer um balanço de avanços, conquistas, resistências, fracassos.

Esse modo de organização da experiência escolar inscreve-se num conjunto de debates em escala nacional, desde a retomada da democracia, na década de 1980, sobre o direito à educação – com destaque para a garantia do acesso de crianças e jovens ao Ensino Fundamental. Questões basilares estavam em discussão, como são exemplos o desafio da inclusão de diferentes sujeitos (especialmente os das camadas populares) na educação escolar, as condições de permanência e de respeito à diversidade social.

Numa perspectiva mais ampla, esses debates integravam um movimento de luta pela ampliação da democracia no país. Na Rede Municipal de Educação

---

[1] Patrus Ananias (Partido dos Trabalhadores) foi eleito em 1992, para prefeito de Belo Horizonte no período de 1993-1996, juntamente com o vice-prefeito Célio de Castro (Partido Socialista Brasileiro).

de Belo Horizonte, discussões e propostas alternativas para a prática pedagógica já eram realizadas em várias escolas, a partir de vivências de cada comunidade escolar, e traziam com elas o desejo de novas possibilidades de trabalho pedagógico. Mônica Correia Baptista[2] escreveu a respeito:

> Ao longo de alguns anos, especialmente a partir de 1988, a Rede Municipal de Educação de Belo Horizonte se viu envolvida num processo de transformação de sua prática pedagógica, através da construção, em algumas de suas escolas, de projetos político-pedagógicos que buscavam, entre outras prioridades, construir, no âmbito interno da instituição escolar, experiências que transformassem o cotidiano vivenciado na escola. Tais projetos procuravam, de um lado, garantir a autonomia da instituição em relação aos métodos e procedimentos considerados mais adequados ao contexto vivenciado e, por outro lado, buscavam equacionar a tarefa pedagógica às necessidades e condições dos sujeitos envolvidos. Nesse sentido, o projeto político pedagógico se mostrou um elemento vivificador do cotidiano escolar na medida em que alimentava as reflexões de professores, alunos e pais sobre a prática pedagógica que ali se realizava e sobre o compromisso da instituição com a educação pública, gratuita e de qualidade.[3]

Constituiu desafio que motivou a elaboração da proposta da *Escola Plural*, entre outros, a preocupação com a repetência, com a evasão escolar, com um ensino desconectado da realidade dos estudantes. Além disso, almejava-se uma educação de qualidade voltada para a formação humana que fosse capaz de reduzir as desigualdades, que propiciasse condições para enfrentar o fracasso escolar. Dois princípios norteariam o trabalho: o primeiro, tomar a educação como um direito da cidadania; e o segundo, fazer das escolas espaços de total inclusão.

A proposta de organização da *Escola Plural* também instaurou um debate que pretendeu enfrentar duas questões consideradas problemáticas na experiência escolar: a seriação e a reprovação – dois pilares da escola, desde seus começos. Com enorme desafio, percebe-se que a *Escola Plural* então surgia como uma possibilidade de praticar muitas de nossas melhores utopias a respeito da escola.[4]

---

[2] A Professora Mônica Correia Baptista, hoje na Faculdade de Educação da UFMG, foi a Coordenadora-Geral da Coordenação de Política Pedagógica (CPP) da Secretaria Municipal de Educação de Belo Horizonte, naquele momento de implantação da Proposta Escola Plural na Rede de Ensino.

[3] BATISTA, Mônica Correia. *Escola plural*: direito a ter direitos. 13 abr. 1998 Disponível em: <http://www.pbh.gov.br/smed/escoplur/escplu00.htm>. Acesso em: 12 nov. 2013.

[4] Há uma vasta produção acadêmica acerca da *Escola Plural*, como poderemos acompanhar nas referências dos autores dos artigos deste livro.

Desde sua concepção, o projeto que deu sustentação à *Escola Plural* conviveu com críticas, resistências e foi pauta de intensos debates em finais da década de 2000. Houve de fato fortes críticas e muitas polêmicas surgiram, muitas delas veiculadas pela imprensa; do mesmo modo, os docentes apresentavam constantes reclamações, assim como as famílias dos alunos. Com efeito, houve, todo o tempo, uma polarização "contra e a favor" da proposta, que muitas vezes impediu a reflexão necessária para fazê-la avançar.

Envolvida em ambiguidades, foi acolhida por parte dos docentes e recusada por outra parte; da mesma forma, não conquistou adesão de grande parte das famílias, tendo sido alvo de ataques da mídia, a *Escola Plural* continua sendo um desafio para pesquisadores e educadores.

Gradativamente, os questionamentos e as críticas foram produzindo um esvaziamento da proposta, e o uso da expressão *Escola Plural* vem sendo cada vez mais evitado por sucessivas gestões municipais – um quase apagamento.

Mas essa experiência não pode ser esquecida: ao contrário, consideramos que merece ser revisitada, indagada, qualificada: após 20 anos de seu início, o que se pode aprender com ela para enfrentar os desafios que permanecem para a escola e os educadores?

Foi por isso que o "Projeto Pensar Educação Pensar o Brasil" tomou a experiência da *Escola Plural* como objeto de seu Seminário de 2011, propondo a reflexão sobre o que pode ser considerado um dos maiores investimentos feitos no Brasil em uma política educacional que se pretendeu inovadora. Foram convidados para debater a temática, em oito conferências, pesquisadores e pesquisadoras que tiveram protagonismo em sua realização, entre os quais gestores e professores.[5]

A primeira conferência teve como tema "Reformas escolares e utopias pedagógicas: reflexões em torno da Escola Plural", proferida por Miguel Arroyo (UFMG), um dos responsáveis pela elaboração da proposta e de sua implantação, quando ocupava o cargo de Secretário-Adjunto da Secretaria Municipal de Educação de Belo Horizonte (SMED). Ele explorou as diretrizes da proposta e os seus caminhos e descaminhos até 2010.

A segunda conferência foi "Os professores e a Escola Plural: adesão e/ou resistência?", conduzida por Ângela Dalben (UFMG) e José Cosme Drumond (PUC Minas), que resultou também em um artigo deste livro. Angela Dalben e

[5] As conferências foram gravadas, estando disponíveis para consulta e reprodução na Secretaria do Projeto Pensar a Educação Pensar o Brasil, na Faculdade de Educação da UFMG.

José Cosme apresentam os resultados de suas pesquisas envolvendo a questão docente e a *Escola Plural*. Ambos nos convidam a pensar a respeito de um importante aspecto da proposta, uma nova possibilidade de trabalho que mudava significativamente a "relação professor – aluno – conhecimento." Uma nova perspectiva onde a identidade docente se ressignifica, e com isso traz todas as tensões que envolvem o ato de mudar. Nesse sentido, as manifestações durante a implementação do projeto produziram inseguranças, entusiasmos, revoltas e incertezas. Porém, o projeto mexeu com as sensibilidades múltiplas, envolvendo um novo olhar para o trabalho no coletivo, novas práticas pedagógicas, novas noções de tempo-espaço e subjetividades docentes.

A seguir, a terceira conferência foi "Escola Plural: o que pensam os alunos?", com Paulo Henrique de Queiroz Nogueira (UFMG), também aqui presente, em artigo. Ora, se os docentes são um dos eixos centrais da proposta, os estudantes são o centro e mola propulsora da *Escola Plural*. Respaldado em sua pesquisa de doutorado e na sua experiência docente, Paulo Henrique trás para o debate a juventude e suas diferentes formas de socialização no ambiente escolar. Uma juventude inserida no espaço escolar marcado por ambiguidades.

O tema da quarta conferência foi "Escola Plural e a seriação: a tradição pedagógica em questão", explorado por Luciano Mendes de Faria Filho e Tarcísio Mauro Vago (UFMG). Dela resultou o artigo aqui apresentado por Luciano M. Faria Filho, que traça um percurso da seriação escolar e da relevância que foi adquirindo no processo educacional. Um movimento que ajuda na compreensão dos embates com a implementação dos Ciclos de Formação Humana, propostos para a *Escola Plural*, que pretenderam romper com a tradição da seriação.

Também "As famílias e a Escola Plural" foi o tema da quinta conferência, abordado por Maria Alice Nogueira e Ramó Correa de Abreu (UFMG). Esse foi outro ponto nevrálgico da *Escola Plural*, e não poderia ficar sem reflexão. Maria Alice e Ramon problematizaram os dilemas dessa relação, propondo um olhar mais refinado acerca dos valores que as "famílias populares" têm do processo educacional de seus filhos, como se poderá apreciar no artigo que apresentam neste livro.

O lugar da imprensa foi objeto de reflexão na sexta conferência, da jornalista Tacyana Arce (UFMG), versando sobre "A Escola Plural na mídia: imagens, consensos, dissensos". Já na sétima conferência, o Professor José Francisco Soares (UFMG) fez uma "Avaliação da/na Escola Plural: para onde fomos?". Com efeito, a avaliação e a reprovação dos estudantes foi uma das questões mais polêmicas apontadas por professores, especialistas e familiares durante toda a experiência da *Escola Plural.* Aqui no livro, o tema foi tratado pela Professora Simone de Assis Costa, que convidamos para apresentar sua reflexão a respeito, com o artigo "Avaliações sistêmicas: como utilizar os dados produzidos?". Ela explora o processo de inserção da Rede Municipal de Educação de Belo Horizonte nas avaliações externas, os resultados dessas avaliações e os descompassos entre as propostas das políticas públicas educacionais e as vivências múltiplas do espaço escolar.

O Seminário de 2011 foi encerrado com a conferência da então Secretária Municipal de Educação de Belo Horizonte, Macaé Maria Evaristo (SMED-PBH), em companhia da Professora Samira Zaidan (UFMG), que indagaram a "Escola Plural: legados e perspectivas em Belo Horizonte". Para o livro, Samira produziu um artigo discorrendo sobre um movimento do qual participou ativamente, instigando-nos a refletir sobre os legados deixados pela experiência da Escola Plural, entre eles a "universalização da educação", a "flexibilização das estruturas escolares", a "educação democrática", a "formação em serviço como um direito dos profissionais", que resultam em significativa contribuição para o debate acerca da "qualidade da educação".

Tentamos, tanto com a programação do Seminário quanto com a organização deste livro, contemplar as principais dimensões vinculadas à *Escola Plural.* Então, está aqui o nosso convite para leituras e reflexões sobre essa experiência escolar que procurou abrir caminhos para a expansão do direito à educação.

Os Organizadores

Os professores e a Escola Plural: adesão e/ou resistência?

ÂNGELA IMACULADA LOUREIRO DE FREITAS DALBEN
JOSÉ COSME DRUMOND

Este artigo é fruto de duas pesquisas sobre a condição e práticas docentes na Escola Plural. A primeira foi desenvolvida por pesquisadoras do GAME/UFMG,[1] nos anos de 1999 e 2000, com o intuito de avaliar o desenvolvimento da política na rede municipal de ensino de Belo Horizonte. A segunda pesquisa[2] ocorre quatorze anos depois e busca explicar o que chama de principal dificuldade de efetivação da Escola Plural ocasionada pela exigência de se constituir um modo de ser docente específico para sua realização prática nas escolas.

As polêmicas em torno da Escola Plural são explicáveis porque o programa tocou em questões essenciais da prática pedagógica escolar. As inovações propostas exigiram modificações relacionadas a novos conhecimentos a serem adquiridos pelo conjunto dos professores e, prioritariamente, exigiram novas atitudes que atuavam no plano da ética e da postura política frente à educação e ao ensino. Novas perspectivas relacionadas ao papel do sistema público de educação e da escola e novas situações educativas começaram a fazer parte do cenário: *Abaixo as notas como medidas de rendimento*! *É proibido reprovar*! *Projetos de trabalho como metodologia de ensino*! *Organização do trabalho em ciclos de formação*!

---

1 A pesquisa foi realizada por um grupo de pesquisadores coordenados pela professora Ângela Loureiro de Freitas Dalben.

2 A segunda pesquisa foi desenvolvida no curso de doutorado em educação, na UFMG, pelo professor José Cosme Drumond, com a orientação da professora Ângela Loureiro de Freitas Dalben, no período de 2007 a 2010 e resultou na tese sob o título: *Políticas de inovação educacional: subjetivação e modo de ser docente na Escola Plural.*

Esse programa foi apresentado pela Secretaria Municipal de Educação de Belo Horizonte – SMED, considerado como parte da faceta do movimento de renovação pedagógica que acontecia no cerne dos processos de redemocratização da sociedade brasileira. A proposta recomenda o rompimento com os processos tradicionais e tecnicistas de ensino que se baseavam na concepção acumulativa e transmissiva de conteúdos escolares, eliminando os mecanismos de reprovação escolar próprios da concepção seletiva e excludente de avaliação, e faz críticas às relações uni-direcionadas em que apenas o professor avalia e tem esse poder, introduzindo uma nova relação educativa em que todos avaliam todos. Os idealizadores da proposta situaram-na como sendo um retrato construído a partir da multiplicidade de experiências que as próprias escolas vinham desenvolvendo, na busca pelo equacionamento dos problemas do fracasso escolar das crianças da camada popular. Nesse contexto, os gestores se posicionaram assumindo a escola que emergia da prática e que era cerceada pelas amarras das estruturas da escola convencional. Vale ressaltar que, na época, outros programas estavam sendo implantados em outros centros como Porto Alegre e a Escola Cidadã, Brasília com a Escola Candanga, Ipatinga com a Escola Participativa e outros, tendo em comum o princípio da garantia do direito à educação e à escola.

Na verdade, a Escola Plural não chegou simplesmente como uma reforma educacional, mas pretendeu transformar o ensino e a escola, exigindo dos professores a aprendizagem de um novo olhar para o fenômeno educativo, exigindo novas atitudes e valores, envolvendo a construção de uma nova mentalidade. E nesse sentido, como salientado em seu primeiro documento, ela pretendia alterar radicalmente a organização do trabalho escolar e, para isso, apresentou quatro "núcleos vertebradores" que deveriam se articular organicamente como: *os eixos norteadores; organização dos tempos escolares; conteúdos; e processos de avaliação.*

O projeto Escola Plural exige que se articulem os quatro núcleos para a compreensão dos sentidos e significados da proposta como um todo. Assim, para se entender os processos de avaliação, por exemplo, torna-se necessário compreender a concepção de ciclos de formação, que por sua vez só é possível na articulação com os princípios de organização da proposta curricular e de ensino (conteúdos e processos), que são definidos a partir da organização do trabalho pedagógico e administrativo da escola (organização dos tempos). Da mesma forma, para se discutir Ciclos de Formação é preciso discutir a organização de tempos e espaços, de processos de ensino e aprendizagem, de referenciais de avaliação e todos os princípios de uma escola inclusiva.

Observa-se que o programa Escola Plural não introduziu alterações pontuais na prática escolar, mas trouxe novos sentidos, exigindo a criação de uma nova perspectiva de relação professor/aluno/conhecimento.

As bases do projeto apresentadas nos documentos elaborados pela Secretaria Municipal de Educação apontavam, a partir dos núcleos vertebradores, a necessidade de intervir na lógica que orienta a organização escolar, tornando-a mais democrática e igualitária do que a atual; buscar práticas e ações na escola que garantam a sensibilidade com a totalidade da formação humana; considerar a escola como tempo de vivência cultural, traduzindo no currículo as dimensões culturais que o perpassam; garantir aos sujeitos a participação na construção dos conhecimentos, tornando a escola um espaço de produção coletiva; investir na materialidade da escola e nas mudanças na estrutura escolar existentes na Rede Municipal de Ensino, tornando-a mais formadora para os alunos e profissionais; considerar a vivência de cada idade de formação sem interrupção, redefinindo os tempos e espaços da organização escolar a fim de garantir os direitos da infância, adolescência e da idade adulta; redescobrir a força socializadora da escola, mantendo os educandos junto aos seus pares de idade; reconhecer o papel do profissional da educação da Rede Municipal de Ensino como participante ativo na construção do Programa Escola Plural, reconhecendo-o, assim, como um sujeito sociocultural.

Colocando essas questões sob o ponto de vista dos docentes, poderemos pensar que a isso implica que se constituam modos de ser docente adequados à viabilização da política proposta pela Escola Plural. Isso significa modificar as próprias convicções pedagógicas dos docentes, constituídas na formação e nas práticas profissionais, sustentadas em discursos que consagram outras formas de organizar e desenvolver a escolarização. Como sabemos, o docente constitui uma identidade básica profissional nas relações formativas e nas experiências escolares e a política propõe uma nova identidade forjada pelos mecanismos propostos. Pensamos que esses processos visam, conforme a concepção de Lawn (2001), à fabricação de uma nova identidade profissional por meio da ação estatal, pela via da implantação da política, e que eles são passíveis de resistência e de recontextualização.

Assim, entendemos que a produção de uma nova identidade profissional torna-se a principal dificuldade de efetivação dessas políticas, porque implica em novo modo de ser docente diferente do que fora constituído até então pelos professores das escolas municipais de Belo Horizonte.

Singular ou plural: eis a questão!

Como dito anteriormente, parte do artigo é fruto da pesquisa "Avaliação da implementação do Projeto Político Pedagógico Escola Plural", realizada pelo Grupo de Avaliação e Medidas Educacionais (GAME), sob encomenda da Secretaria Municipal de Educação, como exigência do Conselho Estadual de Educação, na época da aprovação do projeto para sua implantação. A pergunta que norteou esta pesquisa foi: qual Escola Plural foi possível de ser implantada? Nesse contexto, constatou-se que caracterizar uma escola como sendo ou não Plural era muito difícil e uma observação superficial, sem o mergulho nos sentidos e significados construídos no cotidiano das práticas pedagógicas, não permitia categorizar ou julgar as diferentes escolas na perspectiva de afirmar sobre a sua adesão ou não ao programa.

A metodologia da pesquisa envolveu um plano de trabalho amplo, com abordagens quantitativas e qualitativas e, entre essas últimas, a realização de 31 estudos de caso, escolhidos em amostra estratificada entre as 159 escolas que participavam do programa na época, isto é, foram excluídas as escolas que atendiam à Educação Infantil, ao Ensino Médio e aos Jovens e Adultos. A estruturação da amostra para os estudos de caso contemplou a ideia da diversificação, no que se refere ao tempo de adesão ao programa e, para isso, foram consultadas diferentes pessoas da comunidade do entorno das escolas, profissionais das escolas, das Regionais, do órgão central.

Observou-se, no entanto, que durante a pesquisa, algumas escolas consideradas por outros como *Plurais*, apresentaram detalhes grosseiros que não se enquadravam à proposta. Algumas apresentavam equívocos nas formas de interpretação dos eixos norteadores, embora se dizendo *Plurais*, e outras diziam-se resistentes ao programa e apresentavam práticas avançadas voltadas inteiramente aos princípios da proposta. Ainda outras, construindo com dificuldades o seu projeto, evidenciavam lutas internas entre grupos de professores, denotando, às vezes, convicção por propostas opostas, até mesmo por desavenças pessoais por poder, sem sentido pedagógico.

O que se concluiu diante dessa diversidade de situações foi que o processo de construção da Escola Plural se fez na própria dinâmica de assimilação de seus princípios e que, como foi definido no início dos trabalhos de pesquisa, o objetivo da pesquisa de avaliação não seria o de falar incisivamente se a Escola Plural foi implantada ou não, se era uma boa proposta ou não, mas na verdade, o que se pretendia era apresentar o que foi assimilado e incorporado como prática pedagógica.

O Programa foi proposto ao conjunto das escolas municipais de forma simultânea, no ano de 1995 para as turmas de 1º e 2º Ciclos e, no ano seguinte, para as de 3º Ciclo. Paulatinamente, foi sendo definida a política para a Educação de Jovens e Adultos, Educação Infantil e Educação Especial, além da criação do 4º Ciclo – Ciclo da Juventude, para o Ensino Médio.

O processo de implantação foi realizado por meio de muitos debates que aconteceram nas escolas e assembleias, grupos de estudos foram organizados objetivando estudar os textos e as reações foram diversas. A situação de implantação trazia entusiasmo de alguns, ansiedade e inseguranças de outros, empenho, envolvimento, esperanças, mas o que mais chamava a atenção eram as exigências apontadas para a formação de um professor segundo os princípios da Escola Plural. Foram apresentados todos os tipos de dificuldades, até aquelas de entendimento do próprio texto da proposta, valendo o título deste artigo: adesão ou resistência – não só por parte dos professores, mas também dos pais e, influenciados, também dos alunos.

A equipe de pesquisadores percebia claramente o que Forquin (1993) diz sobre a implementação de inovações, que exige um trabalho *paciente e determinado de desconstrução dessas práticas já arraigadas e dos valores que as suportam.* Existe, historicamente, uma cultura escolar e uma cultura da escola já constituída e instituída em nossa sociedade que estabelece os estreitos papéis entre aqueles que dela fazem parte, e, também, entre a ciência e a sociedade, entre a escola e a família, laços esses cristalizados em referenciais construídos durante muitos séculos. Nesse contexto, impasses, contradições, processos criativos de práticas passam a construir um cenário importante de implantação da inovação, e algumas questões chamaram a atenção em relação à adesão ao programa, que passamos a discutir a seguir:

- dificuldades relacionadas à formação continuada dos docentes para a implantação de práticas condizentes com a proposta. As escolas têm necessidades próprias e um programa de formação continuada, especificamente orientado para cada uma delas, enquanto unidades pedagógico-administrativas, tornava-se uma necessidade e prioridade para que conseguissem traduzir os eixos norteadores em práticas cotidianas.

- concepção de autonomia do professor e da escola. É evidente a dificuldade de se estabelecer um equilíbrio na prática entre o respeito à autonomia, à diversidade e a necessidade de manterem padrões mínimos de ação conjunta, numa Rede tão extensa como a Municipal de Belo Horizonte. Neste sentido, um redimensionamento global da política de implementação da Escola Plural ficou a desejar, evitando-se que a centralidade de normas viesse a descaracterizar os princípios político-pedagógicos do programa, ao mesmo tempo que um processo caótico de individualização de ações pudesse também constranger uma perspectiva de administração e coordenação fundamental num programa dessa natureza.

Um número significativo de professores acreditava na proposta e se esforçava para mudar a prática pedagógica como um todo, apesar das resistências de alguns colegas. Grande parte das diretoras de escolas e coordenadoras pedagógicas também se empenhou para que o processo de implementação acontecesse plenamente, no entanto havia muita insegurança e insatisfação e um grande número de profissionais que atuavam em escolas que atendiam prioritariamente a um público da camada média da população permaneceu com opiniões ligadas a uma postura conservadora. Para esse grupo, o ideal de escola está próximo àquela tradicional, centrada na transmissão de conteúdos escolares, vislumbrando o vestibular. Para esse grupo de profissionais, a Escola Plural apresentou um retrocesso à qualidade do ensino na PBH.

Na verdade, a chegada da Escola Plural desestabilizou a prática já consistente e fez com que os professores se sentissem bastante inseguros quanto à sua forma de atuação. Observou-se que durante algum tempo determinadas escolas passaram por um período de inércia e indefinição em relação aos rumos do seu trabalho, haja vista que os princípios não eram bem entendidos, alguns eram contraditórios com as práticas existentes e outros argumentavam que por meio daqueles princípios os processos de democratização não aconteceriam e que o fracasso escolar se agravaria. Em alguns casos o debate se centrava no processo de implantação e na imposição às escolas de novas práticas, ainda, não incorporadas. Em síntese, podem-se resumir em três tipos os grupos de profissionais em relação à Escola Plural:

- aqueles que não acreditaram na proposta;
- aqueles professores que achavam que as transformações eram muito pequenas e que a mudança foi muito mais de denominação de programa e não de posturas e ações, havendo necessidade de mais informações e alterações nos encaminhamentos vindos das regionais e do órgão central;
- aqueles que acreditavam que a Escola Plural veio para modificar uma prática inadequada de escolarização, que não atendia ao aluno em suas necessidades e nem em relação à formação do novo cidadão que se pretende hoje. E entre esses aqueles que ponderavam a necessidade de mais entendimentos sobre a proposta para sua incorporação e que, mesmo com o desejo de implantação, esse processo de mudança é muito difícil em curto prazo.

De um modo geral não se percebeu nos primeiros ciclos uma resistência formal à Escola Plural. Observavam-se diferenças de concepções em relação aos conceitos de avaliação e de organização do ensino. Para os professores, a oportunidade de ampliação dos espaços escolares para além dos limites da sala de aula permitia modificar e ressignificar esses conceitos. Acrescente-se a isso o fato de a Rede Municipal de Belo Horizonte ter uma história bastante rica de iniciativas pedagógicas estimuladas pela SMED às escolas.

A partir de 1989, instituiu-se a prática de construção de projetos pedagógicos próprios de cada escola e, segundo muitos depoimentos, esses projetos foram os precursores da Escola Plural porque iniciaram uma nova cultura da escola, isto é, uma escola autônoma no gerenciamento do seu trabalho e na definição dos seus objetivos. Por esse motivo, os documentos originários do programa afirmam que a proposta teve origem no consolidado de princípios e ações já existentes como práticas na rede, indicando uma escola emergente, diferente da escola convencional. No entanto, a pesquisa identificou dificuldades mesmo nas escolas com propostas bem próximas dos princípios do projeto. Isso fez com que a equipe da pesquisa concluísse que havia um sentimento de orgulho nas equipes escolares de incorporarem um projeto que fosse seu. Uma noção de pertencimento a uma comunidade específica, com identidade própria e com uma prática também própria. A vinda da Escola Plural interferiu nessa prática, retirando dela a identidade, o sentimento de liberdade e de criatividade do qual se orgulhavam e se sentiram cerceadas em relação ao seu trabalho.

A força do coletivo escolar

Uma das grandes mudanças introduzidas pelo programa foi a priorização dos tempos coletivos no ambiente escolar, "Tudo é discutido e decidido coletivamente". E, nesse contexto, as reuniões pedagógicas passaram a ocupar um lugar de destaque, sem que uma direção ou uma coordenação pedagógica decidisse ou impusesse. Esse processo era identificado como gestão democrática. Na verdade, não havia como impor ou decidir isoladamente, porque as propostas estavam sendo traduzidas e incorporadas paulatinamente. Segundo os professores, *todos aprendem sobre os conteúdos, horários, projetos prioritários, organização das turmas e procedimentos de avaliação.*

O que se percebia era a oportunidade de um novo tipo de relação entre as pessoas e a autoridade passou a ser exercida pelo coletivo. Isso agradou muito aos professores e vários se manifestaram dizendo que esse formato de organização era uma conquista. Foram observados, em algumas escolas, verdadeiros exercícios e quebra-cabeças para a organização de horários para as aulas, para as reuniões e tempos de projetos específicos. Observou-se, também, uma boa relação entre os docentes e a direção das escolas, e chamou a atenção que, nas escolas em que a proposta Escola Plural garantia uma boa adesão e um encaminhamento mais avançado, era consequência direta da equipe gestora da escola, incluindo a direção e a coordenação pedagógica. Como aconteceu eleição para direção de escolas após o segundo ano de implantação do programa, algumas escolas que haviam aderido e estavam num processo de crescimento em relação à construção de práticas inovadoras, acabaram retornando à perspectiva convencional após a nova direção assumir a gestão. Ficou evidente o fato de que grupos no interior das escolas estavam garantindo a implantação, e que alguns foram vencidos nesses processos de eleição.

As Reuniões Pedagógicas se transformaram num divisor de águas entre a proposta anterior e o período de implantação do programa. Essas reuniões, para alguns professores, já existia anteriormente e eram denominadas de Reuniões de Turno (especialmente no 3º Ciclo). As decisões importantes da escola eram tomadas nesse espaço e muitos reclamavam que o tempo era pequeno para o repasse de tantas informações, quando no início do processo de implantação. Algumas escolas se organizaram definindo pautas de discussão em reuniões com horários diferentes. Isso era possível porque os tempos de preparação das aulas eram utilizados para esses encontros coletivos. O mais importante de tudo isso era o exercício da autonomia observado nesses processos, associado à autonomia pedagógica para a tomada de decisões. A equipe de pesquisadores, em seus momentos de discussão sobre as escolas observadas, sempre comentava que o ponto forte de todo o processo estava nesse exercício de autonomia, em que as decisões eram compartilhadas, a troca de experiência e a socialização do trabalho desenvolvido em sala de aula para que outros pudessem enriquecê-lo se transformavam em realidade interessante e rica para os profissionais e a escola. Verdadeiros processos de formação continuada em serviço.

No início da implantação do programa, a estruturação do quadro de pessoal para os dois primeiros ciclos trouxe a ideia de trios fixos: três professores para cada duas turmas. Aos poucos as escolas foram encontrando outros formatos para organizarem o seu trabalho. As escolas criaram, também, o chamado Horário de Projeto, utilizado para estudo e desenvolvimento de atividades didáticas diversas com pequenos grupos de estudantes, ou para a confecção de materiais, ou para as reuniões pedagógicas individuais. Algumas escolas utilizavam esses tempos como alternativas para atender estudantes com dificuldades, criando o professor recuperador ou de reforço escolar para auxiliar o estudante a acompanhar o seu grupo de amigos. Outras escolas utilizaram esses tempos para pequenos coletivos de professores, criando os Conselhos de Ciclo ou de Classe.

Observou-se que havia modificações de formato na organização desses tempos, conforme as questões que surgiam no atendimento aos alunos. Já em algumas escolas esses tempos foram interpretados como tempos particulares e segundo as necessidades individuais do professor. Como em alguns estabelecimentos esses horários ficavam concentrados em um só dia, e como a figura do eventual nos primeiros ciclos foi eliminada, um novo problema começou a ocorrer. Quando as faltas aconteciam, não havia professor para substituir em sala de aula, ficando a coordenação obrigada a essa função. Segundo explicações advindas dos próprios professores, a existência dos trios permitia a interpretação de que o professor poderia faltar um dia na semana, o que começou a provocar problemas na articulação dos coletivos.

As escolas de 3º Ciclo propuseram arranjos de horários mais ampliados, denominados de geminados. Os professores que aderiram ao programa consideravam esses horários mais produtivos, argumentando que um tempo maior com os estudantes permitia encontros mais dinâmicos, criativos e produtivos, diferentemente do que consideravam aqueles professores mais tradicionais.

Em síntese, dependendo da maneira como os tempos escolares e de trabalho do professor iam sendo organizados, a realização de um trabalho efetivamente coletivo podia ser concretizado ou inviabilizado. Nesse sentido os professores reclamavam, mas poucos percebiam que eram eles mesmos que deveriam reordenar os seus espaços e tempos e se comprometerem com eles. Em geral, repassavam os trabalhos com os alunos mais difíceis à coordenação pedagógica ou de turno, mas também reclamavam porque gostariam mesmo de estarem trabalhando diretamente com eles. Aos poucos começaram a sentir a ausência dos tempos coletivos entre ciclos e turnos, em grande parte decorrente do tamanho da escola e dos próprios arranjos. No entanto, embora o início do processo de implantação tenha gerado muita revolta e perplexidade, a vivência do coletivo escolar provocou alterações positivas na organização do trabalho e no processo decisório da escola (salientamos que a pesquisa aconteceu durante o quinto ano de implementação do programa).

A falta de tradição com trabalhos em que o professor tem que planejar em conjunto e conhecer o desempenho dos colegas foi a principal dificuldade apontada por algumas escolas, no entanto, os tempos de projetos fora da sala de aula não foram vistos pelos docentes como tempos de escola e dos estudantes. Isso justifica o seguinte depoimento: "essa forma de trabalhar exige muito mais do professor porque ele tem que trabalhar com mais turmas e se desgasta muito mais".

Ser dono da própria turma e se preocupar apenas com ela é uma prática considerada mais fácil pelos professores, acostumados a "organizarem os alunos do seu jeito". Da mesma forma, outra dificuldade enfrentada no trabalho coletivo durante as reuniões pedagógicas é a limitação ou constrangimento de alguns profissionais em falar para os seus pares, expor suas ideias, suas contribuições para um número maior de pessoas, sempre a mesma reclamação: "Alguns nunca falam. É difícil saber o que pensam".

Enquadramento docente e modo de ser docente na Escola Plural

Como já foi referido, a segunda pesquisa buscou explicar as dificuldades da efetivação da proposta da Escola Plural, pela necessidade de constituição de um novo modo de ser docente. Essa pesquisa foi realizada durante o doutorado desenvolvido no Programa de Pós-Graduação em Educação, no período de março de 2007 a fevereiro de 2011, quando foi apresentada a tese sob o título: *Políticas de inovação educacional: subjetivação e modo de ser docente na Escola Plural.*

Observou-se que a proposta Escola Plural não foi bem compreendida por grande parte dos professores. A implantação foi realizada de uma só vez e os professores não se sentiram preparados para enfrentá-la. Segundo muitos deles, faltaram tempos de discussão, reflexão aprofundada. Na verdade, sabemos que mudar a prática pedagógica não é algo simples, e o depoimento a seguir ilustra essa dificuldade: "não sei te responder o que a prefeitura quer... e nem sei como fazer o que ela quer..." (depoimento de uma professora). Podemos dizer que não houve plena adesão à proposta. Essa adesão seria facilitada pelo suporte institucional, o que aconteceu parcialmente, porque o numero de escolas era grande demais e da mesma forma o número de professores a serem formados para a mudança. No entanto, a leitura que fizemos na pesquisa é que a equipe gestora da SMED acreditava que os docentes conseguiriam implementar o programa sem muitas dificuldades e isso não aconteceu.

Durante toda a pesquisa os professores apontaram a precariedade da formação como um fator importante no entendimento da proposta e apresentaram o improviso, o ensaio e o erro como as principais ferramentas para o trabalho que foi realizado. Para os docentes essa situação gerava angústia, desânimo, insegurança, insatisfação e desinteresse pelo trabalho. Por um lado, a dupla jornada de trabalho em mais de uma escola ou em redes diferentes trazia dificuldades para que pudessem focar nas novas questões e situações que estavam vivendo. Por outro lado, a necessidade de substituir docentes faltosos o tempo todo passou a se constituir num grave problema da equipe pedagógica que não conseguia estruturar uma dinâmica com estrutura estável.

Entretanto, o quadro adverso, por um lado, sempre apresentava o contraste das boas práticas inovadoras, especialmente no que se referia à metodologia de projetos por áreas ou temas. Muitos professores interessados, já sensibilizados pela proposta, conseguiam encontrar caminhos interessantes para adequar o trabalho aos tempos da escola. Nesses contextos, observava-se, também, uma velada implantação dos ciclos de formação, entremeados com a organização seriada que orientava a escola como um todo no trato de seus alunos. Impregnada na prática escolar, embora avançando no raciocínio de uma organização mais flexível, eram perceptíveis as dificuldades dos docentes no trato de estudantes com ritmos diferenciados e com dificuldades de aprendizagem tão díspares. Assim, também, os depoimentos eram bastante diferenciados em relação à proposta, como se pode perceber no confronto das opiniões que se seguem:

> Estou gostando da Escola Plural porque meu filho é fora de faixa e, agora, ele está podendo seguir direitinho. (depoimento de uma mãe)
>
> O nível da escola pública caiu demais. O nível dos meninos que frequentavam a escola pública caiu muito. Você vê que os pais que têm esclarecimento fazem de tudo para que os filhos não fiquem aqui porque a escola não é de qualidade, porque é muito misturada... (depoimento de uma coordenadora)

A partir dessas considerações sobre as dificuldades dos docentes com a implementação da Escola Plural, é possível pensar nas conclusões a que se chegou na segunda pesquisa, já referida, e como o enquadramento do modo de ser docente na Escola Plural pode ter sido importante pelas suas propostas de prática. Em primeiro lugar, devemos retomar a questão, já analisada, de que o docente da Escola Plural deve aprender a ser coletivo. Esse ponto nos leva a pensar como é ser coletivo e ter que responder individualmente por isso, já que as práticas são realizadas, na sua maior parte, em cada sala de aula, de modo independente e individual. Ser um professor coletivo e militante implica que suas ações na consecução de objetivos ultrapassem as ações escolares. E suas práticas, suas escolhas por caminhos metodológicos, como ficam?

Mente coletiva e coração militante: aspectos centrais no modo de ser docente na Escola Plural

A solução didática para a efetivação das práticas coletivas, na Escola Plural, foi a adoção da denominada *pedagogia de projetos*, por meio da utilização de temas transversais. Esse recurso metodológico pressupõe a articulação grupal de professores. Para Dalben (1998) essa *pedagogia* teve por função, ao mesmo tempo, fornecer uma resposta prática à estratégia política da coletivização da atividade docente e fornecer uma didática básica para a realização prática da política. Como consequência, a autora aponta a insegurança dos docentes, quanto ao domínio da própria técnica pedagógica, e a questão da articulação dos conteúdos tradicionais da escolarização. Por isso, a insegurança pode ter funcionado como mecanismo de recontextualização, na qual os docentes articulam resistência e aceitação, o que resulta em efeitos subjetivadores sobre eles próprios. Nenhum docente terá sido igual ao que era, antes, mas os modos de ser docentes, certamente, não devem ter correspondido, exatamente, com a proposta.

Um exemplo da preocupação com a coletivização, como questão duradoura, encontramos em documento preparado sobre o assunto para o II Congresso Político Pedagógico da Rede Municipal de Ensino/Escola Plural, em 2002:

> O quadro que se configura hoje nas escolas municipais de Belo Horizonte sobre o trabalho coletivo remete, em primeiro lugar, à noção de tempo/espaço escolar fundamentais à prática docente. Conhecer os diferentes significados que educadores e educadoras atribuem ao *trabalho coletivo* consiste em um dos pontos cruciais para o desenvolvimento e aplicabilidade de alternativas que favoreçam um trabalho de qualidade, pautado na ética e no compromisso de criar perspectivas, superando os desafios cotidianos. Pensar tempos necessários a uma ação pedagógica significa a construção do aprendizado do trabalho coletivo, compatibilizando estes tempos com projetos que atendam as necessidades de formação dos alunos, dentro dos princípios da Escola Plural. (PBH, 2002, p. 1, grifos nossos)

O outro ponto da subjetivação muito importante, que se refere ao caráter de militância dada ao modo de ser docente, é o que busca politizar as ações profissionais, imputando-lhes perspectiva missionária. Essa é uma questão controversa, porque emerge em um período em que os professores se unem para a defesa de sua condição profissional, e buscam garantias de condições de trabalho e de assalariamento, negando a ideia da educação como missão. Quanto aos sentidos da missão docente, em um e outro caso, são diferentes, porque o que se combatia era a possibilidade de que os professores, mesmo em condições profissionais precárias, devessem assumir seu papel de formador dos alunos, que era de reconhecida relevância social.

No caso da Escola Plural, essa missão é politizada e ser militante na profissão significava assumir as bandeiras da transformação ampla da sociedade, tornando a escola como uma trincheira para isso, e as lutas profissionais compunham esse arcabouço. Embora os professores possam ter visto isso como positivo, sabemos que as formas de luta nem sempre são fáceis de assumir, pois nelas perpassam componentes ideológicos e partidários. Fica essa questão. A militância significava, assim, a incorporação ideológica da luta pela educação e pela profissão numa roupagem diferente. Certamente, houve recontextualizações e formas diversas de militância pela aceitação e incorporação das bandeiras políticas e pelas resistências.

Dalben (1998) nos permite entender que o processo de recontextualização afeta a prática da política e se traduz por mecanismos de resistência e adesão. São processos subjetivadores sobre o modo de ser docente, que certamente serão diferentes dos anteriores e diferentes dos propostos pela política. Há questões que trazem insegurança aos professores, como as medidas administrativas viabilizadoras do trabalho coletivo, como a extensão de jornada, a distribuição de turmas, a possível perda da identidade profissional vinculada à disciplina de atuação, entre outros. Essa preocupação com as consequências sobre as condições de trabalho são, também, registradas por Dalben:

> Nas reuniões de coordenadores de área de uma escola, pôde-se perceber a dificuldade de discutir a proposta pedagógica da Escola Plural, dada a insegurança dos participantes na objetivação da forma de atuação de cada professor na organização de seu trabalho. (DALBEN, 1998, p. 136)

Quanto às questões de jornada de trabalho e sua distribuição entre as tarefas docentes, elas ganham, na Escola Plural, uma nova dimensão, porque o docente tem sua forma de trabalhar ajustada à proposta. O documento citado anteriormente (PBH, 2002) detalha o critério utilizado: "A proporção de 1,5 professores por turma é um critério para definir o quadro de professores da escola. [...] A organização, a partir deste quantitativo, é de responsabilidade do seu coletivo".

Embora sejam questões resolvidas, em parte pelas lutas históricas dos professores da rede municipal de Belo Horizonte, os mecanismos criados resultam de modificações das formas como os docentes trabalhavam normalmente. Percebemos um detalhamento das atividades de forma muito específica, como se fosse uma tentativa de controlar os tempos de docência.

Em resumo, no bojo do coletivismo e da militância, consagra-se o princípio da gestão democrática, como criação de espaços decisórios coletivos internos que formavam bandeiras das lutas docentes e foram incorporadas à política. Assim, os diretores são escolhidos por votação comunitária, para mandatos temporários e são criadas instâncias de decisão coletiva, como as assembleias escolares. Assim, o coletivismo torna-se o mecanismo produtivo do que é possível chamar de *habitus* docente na Escola Plural.

Habitus docente na Escola Plural

A transformação do *habitus* docente é um processo contínuo. No entanto, a Escola Plural traz uma proposta de alteração radical na forma como é constituído. Embora a política Escola Plural não tenha formalizado um modelo de docente, é possível vislumbrar um professor-tipo requerido necessário à sua efetivação, tal como demonstramos nesse trabalho. Assim, em primeiro lugar, o docente deve explicitar suas concepções e práticas para torná-las claras sob o ponto de vistas de suas concepções e resultados na efetivação da formação. E, em segundo lugar, para constituir um novo modo de ser docente, o professor tem de assimilar novas formas de concepção advindas de forças externas a ele. Desse modo, as informações ao *habitus* são oriundas de um processo que articula forças externas e internas. Cria-se, dessa forma, a fricção entre posições externas advindas dos contextos sociais de inserção do docente, das prescrições da política e do sistema educacional e as posições internas da escola de aceitação e resistência coletiva. Tudo isso se dá mediante um processo de recontextualização. Assim, o docente constitui seu modo de ser docente na Escola Plural por meio de um processo coletivo e ao mesmo tempo individual. Por isso, certamente, haverá dispersão na prática da política, nas realizações coletivas, próprias de cada escola e em cada classe individualizada e em cada docente. O quadro a seguir mostra o processo, no caso da Escola Plural.

QUADRO 1

Enquadramento do modo de ser docente, na Escola Plural

Forças Externas de Influência	Contexto interno		
	Habitus docente anterior	Novo enquadramento do habitus na Escola Plural	Perspectivas para o habitus
Contextos Sociais	Individualização das práticas	Coletivização das práticas	Modificação do Habitus por re-contextualização mediante processos de: Incorporação/Resistência Adesão/Resistência Aceitação/Resistência Submissão/resistência
Política Educacional	Acumulação de experiências no *habitus* docente	Focalização em aspectos escolhidos da experiência anterior: informação ao *habitus*	
Sistema Educacional	Dispersão discursiva sobre as práticas	Coesão discursiva com a hegemonia de práticas	
	Dispersão e descentramento metodológicos no ensino	Coesão e centramento metodológicos no ensino	
	Militância dispersa e/ou como escolha	Militância coesa, como componente da experiência.	
	Subjetivação escolar sem nexo fechado	Subjetivação escolar teleologicamente definida	
	Dispersão no modelo docente	Modelo docente fechado	
	Diferenças dos alunos, como problema: busca da homogeneização como saída	Diferenças do aluno como critério pedagógico positivo: busca da heterogeneidade como saída	
	Escola, como lugar de formação humana: teleologia escolar múltipla	Escola como lugar de formação humana para a emancipação: teleologia escolar definida	
	Avaliação fechada no processo: utilização pedagógica pouco importante reprovação como mecanismo de controle de qualidade da escolarização efeito formativo da interrupção do fluxo escolar	Avaliação aberta no processo: utilização pedagógica reprovação como problema para o fluxo da escolarização progressão contínua do fluxo escolar como mecanismo de qualidade	

Fonte: Documentos da Escola Plural; (Drumond, 2011, p. 213).

Assim, se quisermos fazer um enquadramento das formas docentes na Escola Plural, devemos agregar os dois elementos já citados de conformação docente – coletivismos e militância – a outros. Seria fabricada, conforme analisa Lawn (2001), a identidade profissional e atribuídas a ela características específicas distintivas pela política. Como exemplo, relembremos um trecho do texto da política Escola Plural ao questionar as formações tradicionais da escola ditas transmissivas. Podemos observar que, aqui, a Escola Plural contrapõe às formas ditas tradicionais:

> Dessa forma, o desafio posto, hoje, para a Escola Plural é conjugar, com harmonia, o aprender a aprender e aprender a viver como duas realidades que se encontram e se fundem constantemente ao longo de todo o processo educativo. Isso porque o conhecimento é global, tem muitas dimensões e não se aprende tendo como referência uma única perspectiva. Daí ser fundamental considerar-se em todo o processo, a prática social dos sujeitos nele envolvidos, pois não é possível conceber o processo ensino-aprendizagem apenas como uma atividade intelectual. Aprende-se participando, vivenciando sentimentos, tomando atitudes diante de fatos, escolhendo procedimentos para atingir determinados objetivos. Ensina-se não só pelas respostas dadas, mas principalmente pelas experiências proporcionadas, pelos problemas criados, pela ação desencadeada. (PBH, *op. cit.*, p. 27)

Essa forma de compreensão é bastante radical se pensarmos na negação da tradição transmissiva e no entendimento da escolarização como, apenas, um processo de desenvolvimento intelectual.

Mas voltando ao quadro supracitado, nele encontramos os elementos essenciais para explicar os modos de subjetivação docente na Escola Plural e definir os mecanismos de subjetivação impostos aos docentes bem como suas ressonâncias sobre o modo de ser docente, em oposição ao modelo anterior caracterizado, no próprio texto da política. A política Escola Plural imprime mecanismos orientadores de uma nova mentalidade docente, servindo-se não só de estratégias práticas, como as mudanças operadas nas formas de organização do trabalho, como também da inserção de concepções sobre a educação contrapostas às prevalentes, até então. Por isso, é visível a radicalidade da posposta, sob o ponto de vista docente. Articulam-se nessa perspectiva radical, a politização das ações docentes, para atribuir-lhes o caráter de militância e a coletivização das práticas, como sua estratégia central.

Contudo, para entender os processos de constituição dos modos de ser docente, na Escola Plural, precisamos analisar, também, as práticas propostas para sua efetivação, no seu âmago. Portanto, interessa, aqui, questões relativas ao interior da prática pedagógica, a forma como o aluno é concebido, como ele é avaliado e os efeitos da avaliação sobre a efetivação de sua escolarização, os conteúdos dessa escolarização e a questão da gestão das escolas. A articulação desses aspectos com as estratégias da militância e coletivização configuram o contexto geral da produção do modo de ser docente na Escola Plural.

O aluno visto pela Escola Plural e os efeitos sobre o modo de ser docente

É possível reconhecer que muitos pensadores veem uma relação estreita entre a produção discursiva sobre o aluno e a infância de tal forma que, nem sempre, distinguem criança e aluno, como se os dois conceitos operassem articulados e unificados. Um dos autores da Escola Plural, Miguel Arroyo, aponta para articulação entre a concepção de ser mestre e a infância, como um caso não resolvido, dada a sua intricada relação, como revela este trecho:

> Proponho que vejamos o traço do dever-ser como componente da história. No espelho da história da infância descobrimos traços de nosso rosto. Infância e pedagogia, um caso não resolvido, insolúvel, que nem a teimosia do tecnicismo conseguiu romper. Nascemos colados ao dever que a sociedade foi reconhecendo de dar conta das crianças. (ARROYO, 2004, p. 39)

No caso da Escola Plural, podemos observar que as concepções de aluno, portanto, das formas de subjetivação escolar, se sustentam em dois tipos de discursos de origem crítica. A Escola Plural se utiliza da articulação de discursos críticos de origem marxista ou neomarxista, com visão positiva sobre a escolarização, que visa formar um sujeito emancipado. No entanto, ao conceber o aluno, ao mesmo tempo veicula discursos pós-críticos articulados aos discursos críticos, expressando uma visão híbrida do aluno, porque articula a teleologia da formação de um sujeito critico, com a concepção de aluno orientada por discursos da diferença subjetiva. Assim, encontramos na Escola Plural discursos de natureza política *stricto sensu* que orientam os processos de escolarização, e discursos curriculares e pedagógicos que intentam a efetivação desses processos. Embora possamos verificar a articulação desses discursos de ordem política e pedagógica, em muitos casos eles funcionam independentes. Assim, podemos encontrar a convivência de discursos de aparência antagônica funcionando no mesmo processo explicativo.

Nos vários Cadernos da Escola Plural, podemos encontrar orientações que sustentam a visão de aluno. De maneira geral, introduz uma forma de compreender o aluno para além de sua cognição e, mais do que isso, de sujeito capaz de utilizar suas vivências sociais como materiais de cognição. O docente, sem abandonar os conteúdos tradicionais da escola, deve relacioná-los à vida social do aluno, atribuindo novos sentidos aos dois modos de conhecimentos. Isso implica um processo de reorientação do modo de ser docente, para quem aprendeu que os conteúdos escolares constituem a própria escolarização. Eis o que revela este trecho do documento:

> Novas dimensões da formação dos profissionais e dos alunos tentam encontrar espaços legítimos nos currículos das nossas escolas. Temos experiências de trabalho que ultrapassam os limites dos conteúdos curriculares: trabalhos interdisciplinares com temas comuns; projetos que articulam arte e alfabetização, matemática e produção de textos; temos projetos – oficinas e práticas que resgatam a história da comunidade, a alegria na escola, a educação sexual, as identidades étnicas, a cultura, etc. (PBH, *op. cit.*, 1994, p. 7)

Como é possível entender, os docentes passam a trabalhar na aplicação da política que concebe o aluno como ator social. Não podemos esquecer que o aluno é um sujeito dentro e fora da escola, portanto tem vida social anterior e posterior à escola, ou seja, frequenta a escola, mas desenvolve outras atividades privadas, ou públicas. Daí a importância dada a sua condição de diferenciação social e cultural. A sua pluralidade subjetiva é mais que um dado de constatação, é um elemento de orientação das estratégias da formação escolar, no caso da Escola Plural, em especial. O aluno visto não é visto individualmente, apenas, como sujeito da cognição, mas como sujeito coletivo, que se insere em contexto social a ser transformado.

Assim, a teleologia escolar desloca-se da objetividade individual para a social e coletiva. Para isso o docente deve orientar seu modo de ser nessa direção, agregando-se a isso a incorporação das situações consequentes que se articulam, como reorganização dos tempos curriculares em ciclos de formação, a avaliação, a promoção, a reprovação. Desse modo, podemos contrapor essa maneira de ser docente ao que era praticado para entender as formas de agir do professor: A seriação é suplantada pelo ciclo, que significa, entre outras coisas, uma nova forma de organização dos tempos da formação.

No que toca ao espaço-tempo curricular, este é alargado e o aluno é entendido como sujeito em formação. Assim, torna-se necessário constituir uma pedagogia que dê conta de trabalhar, em articulação, com crianças de 6 a 8 anos; de 9 a 11 anos, e assim por diante. Para além dessa discussão sobre ciclo de formação na Escola Plural, já feita por nós anteriormente, analisaremos outras questões a seguir pertinentes ao tema, procurando entender como o docente é afetado com esse alargamento da seriação tradicional.

No Caderno 4, *Avaliação dos Processos Formadores dos Educandos*, desde seu preâmbulo são feitas considerações para demonstrar a articulação entre os vários mecanismos e estratégias da política, ficando claros os objetivos propostos para a avaliação. A avaliação é posta como um dos elementos da prática pedagógica e é vista como fundamental no processo ensino/aprendizagem, para alunos, professores e pais.

Cabe focalizar, ainda, as instâncias de avaliação de natureza coletiva criadas na Escola Plural, para perceber como as articulações da política visam a construir um novo modelo de prática. Assim são instituídas várias reuniões de trabalho em grupo. O Conselho de Ciclos para estabelecer um espaço coletivo para as análises dos professores sobre o desenvolvimento do trabalho e a elaboração de estratégias coletivas e individuais. As Assembleias para avaliação de turmas, com a participação de todos os alunos, com o objetivo de levá-los a refletirem sobre os trabalhos em classe e a realizar a autoavaliação. As reuniões pedagógicas para que os professores possam avaliar o desenvolvimento de seu trabalho e propor formas de ação para seu aprimoramento. Finalmente, a reunião de pais, com a participação dos alunos, para que sejam apresentados e discutidos os relatórios de desempenho de cada aluno e o quadro geral da classe.

Essa forma de avaliar a aprendizagem modifica a concepção de aluno e, aliada ao fim da reprovação, é possível que tenha produzido transformações radicais nas práticas docentes anteriores e, por consequência, nos modos de ser docente mas, como já foi dito reiterativamente, as propostas são recontextualizadas e sua efetivação prática é produto de processos de adesão e resistência. Contudo é inegável o efeito subjetivador sobre o modo de ser docente de uma proposta de prática de avaliação e progressão escolar com essa conformação.

Subjetivação docente e sentidos dos discursos sobre democracia na Escola Plural

Para a Escola Plural a educação é um direito subjetivo e condição necessária ao pleno exercício da cidadania. A efetivação desse direito implica que a escola deva receber todos os indivíduos, democratizando o acesso de todos os adultos, jovens e crianças aos processos de subjetivação escolar. Para além de se assentar em relações democráticas, a subjetivação escolar deve compreender a aprendizagem da democracia como forma de vida social. Portanto, cabe à escola abrir-se a todos e produzir processos de subjetivação que viabilizem a valoração da democracia, como forma de fazer funcionar a sociedade.

Embora seja possível reconhecer a presença desses mecanismos de regulação da vida social e, em especial da educação escolar, no caso da Escola Plural, coletividade, democracia, participação e gestão operam em conjunto indicando a tentativa de atribuir sentidos críticos a esse discurso de raiz liberal. Mesmo quando adotam estratégias, como as eleições de dirigentes, ou a participação comunitária nos contextos de produção e avaliação da política, os discursos de sustentação buscam a diferenciação mediante táticas orientadas pelos discursos de participação e por meio do coletivo. Por outro lado, as táticas curriculares viabilizadoras da subjetivação escolar associam sujeito e grupo social e democracia a direitos, apontando, como uma das soluções, as alterações do espaço-tempo de escolarização. Os trechos do Caderno 0 publicado em 2002, a seguir, fazem referência às formas anteriores, para explicitar, em contraposição, a pretensão da Escola Plural de estar inserida entre os movimentos democráticos. Vejamos:

> Partimos da hipótese de que a estrutura de nosso sistema escolar e a cultura que o legitima são seletivas e excludentes. [...] De lá para cá, a consciência da igualdade de direitos avançou, mas o Estado e as instituições continuam apegados à velha lógica da exclusão e seletividade. Nossa escola não é democrática e igualitária. Primeiro exclui em nome da lógica das precedências das séries, das avaliações, das médias, da uniformidade que não reconhece as diferenças de ritmos de aprendizagem, de classe, de gênero, de raça, de cultura [...]. Pretendemos intervir nessa lógica e nessa estrutura escolar. Os movimentos democráticos e de renovação pedagógica criticam os sistemas escolares por terem perdido a pluralidade de funções sócio-culturais que a sociedade espera. (PBH, 2002, p. 13)

Assim, podemos entender que a subjetivação escolar adquiriria o caráter de positividade, nos seus processos curriculares e pedagógicos, com a proposta da Escola Plural, porque se baseia em princípios democráticos. Vemos, aqui, alguns sentidos atribuídos à democracia, como um mecanismo de escolarização, portanto, de subjetivação que articula relações intersubjetivas e propostas pedagógicas. São visões da chamada democracia escolar. Em outra perspectiva, a questão da democracia está vinculada às formas de gestão do sistema e das escolas, colocando outros elementos de composição como participação, sentido coletivo, deliberações democráticas, e uma hierarquia das práticas democráticas, que implicam a superação do individualismo. Relaciona-se democracia e sujeito, porque sujeito é uma categoria que sugere a percepção do indivíduo no coletivo como ator social (TOURAINE, 1994).

Feito esse esclarecimento, voltando à questão da gestão democrática, a visão de sujeito como ator social é fundada na ideia da participação como uma estratégia crucial, para superar os mecanismos criados pela democracia liberal, na política Escola Plural. O sujeito participante, portanto ator social, participa, age para deixar fluir os interesses coletivos do grupo de pertencimento. Os grupos, por sua vez, estão enraizados aos movimentos sociais mais amplos e comungam de interesses comuns. Assim relacionam-se sujeito, coletivo e democracia.

Desse modo, os alunos, professores e funcionários são inseridos em processos de subjetivação escolar com o objetivo de formar a mentalidade democrática para garantir a gestão participativa e coletiva da escola. Nessas circunstâncias, o sujeito ator social é participante e corresponsável pela vida coletiva. Associamos a isso a inserção de conteúdos e eventos curriculares para que os alunos tenham acesso ao conhecimento e às práticas de vida democráticas, dentro dessas concepções.

Merece destaque a questão da utilização de processos de participação como mecanismo de aprendizagem. Por suposição, isso resultará em ação do mesmo tipo na vida social dos alunos, funcionando como mecanismo de subjetivação, tendo, por modelo, o sujeito crítico emancipado proposto pela Escola Plural. Assim, as possíveis práticas democráticas funcionam como mecanismo de homogeneização das práticas da política, para garantir a efetivação da subjetivação escolar pretendida.

Afinal, com essa discussão é possível descrever mais um elemento de composição do contexto de subjetivação docente, relacionando coletivismo e democracia como conteúdos da formação escolar. Assim, o modo de ser docente pressupõe, por um lado, a adesão a propósitos políticos de fundamentos críticos, inserindo ingredientes de ordem crítica às possíveis experiências de caráter liberal sobre a democracia, com seus mecanismos tradicionais de eleições regulares de dirigentes e alternância no poder. Esses mecanismos foram absorvidos na política e foi dado aos atores sociais o poder de escolher os dirigentes das escolas pela via da eleição. Assim, os docentes são subjetivados nas formas políticas da gestão, na compreensão da educação como direito e na necessidade de incluir todos na escola.

Sem menosprezar as possíveis recontextualizações operadas em cada escola, o discurso sobre democracia e escola, que engloba tanto a questão do direito quanto da inclusão de alunos, produz efeitos sobre os docentes, porque recolocam nas experiências educativas questões presentes na vida social e já, possivelmente, presentes nas formações de professores e nas escolas de forma geral. No entanto, a prescrição política que veicula esses discursos às práticas escolares produz efeito de subjetivação sobre os docentes porque coloca, na prática, uma questão que demanda mudança nas formas de agir e entender os alunos e na participação comunitária, como fica explícito em documento produzido pela Secretaria Municipal de Educação, em 1999:

> Para se assegurar o direito à educação e, portanto, garantir a construção de uma escola comprometida com a inclusão social, demandava-se mais que a capacidade de gerir democraticamente uma instituição que refletia na própria estrutura e organização uma cultura excludente. Era preciso construir uma nova ordenação da escola capaz de assegurar a inclusão de todos os setores da nossa sociedade, particularmente daqueles excluídos e marginalizados, garantindo-lhes não apenas o acesso à educação formal, mas sobretudo a possibilidade de participar da construção de novos conhecimentos e da apreensão dos conhecimentos produzidos ao longo da história da humanidade. Essa nova ordenação demandou uma modificação na estrutura da escola [...] (CASTRO; BAPTISTA, 1999, p. 5)

O projeto da Escola Plural é dotado de coerência interna admirável pela sua estruturação conceitual e prática. Mesmo considerados os processos de recontextualização pelos mecanismos da resistência ou adesão e vice-versa, deve ter produzido efeitos sobre o modo de ser docente, com fortes marcas, o que inclui as posições sobre democracia e escola.

Formação continuada e modo de ser docente na Escola Plural

A formação continuada de professores em uma proposta de inovação educacional pode parecer óbvia, pois inovar pressupõe sair de um *status* pedagógico em direção a outro, o que implica que essa direção seja fundamentada em conhecimentos e saberes novos. No entanto, as inovações feitas por professores, individualmente, ou por escolas de forma isolada demandam algum tipo de formação continuada para que o projeto pessoal do professor ou o projeto pedagógico a ser desenvolvido em uma escola tenha efetividade. No caso de uma política de caráter amplo, como o da Escola Plural, inovar implica constituir um novo modo de ser docente, cujo processo deve ser produzido nas práticas da política. Isso demanda a efetivação de política de formação continuada, na qual seja articulada a busca pela autoformação com as ações induzidas pelos órgãos de gestão da política.

Ocorrem algumas perguntas relacionadas entre si sobre essa questão, uma vez que em nenhum documento inaugural da Escola Plural houve definição de um professor modelar que efetivasse a política. Teria sido importante, para a Escola Plural, definir claramente um professor-tipo, ou docente-modelo, para construir uma política de formação em serviço, para os profissionais encarregados da prática da política, em cada instituição? Essa política deveria resultar na formação de uma mentalidade docente com a obrigação de constituir seu processo de formação continuada? Será possível que o professor se autoconstitua, no contexto das práticas da política, em um modelo próximo do intentado, sem ser necessária a realização de empreendimentos oficiais para produzir esse professor? Para entender a não explicitação de uma proposta de constituição de um professor-tipo pela Escola Plural, talvez fosse possível recorrer a Perrenoud (2000),[3] na sua explicitação do que seriam as competências requeridas para o professor à época. Isso porque uma das competências requeridas para o docente seria, segundo ele, "administrar sua própria formação contínua" (PERRENOUD, 2000, p. 155). Essa posição se aproxima do consenso na educação atual de tal forma que, para além das investidas oficiais, o professor é responsável por constituir saberes atualizados.

Assim, a efetivação do projeto da Escola Plural impôs experiências de formação contínua com programas bem-estruturados que produzissem contextos de subjetivação dos docentes. Desses programas constavam os princípios, os eixos articuladores, enfim toda a proposta inovadora, de forma a ressignificar os conteúdos e as práticas formadoras das escolas. Por isso, foram atribuídas funções ao coletivo escolar, às regionais e aos órgãos centrais da Secretaria Municipal de Educação. Vejamos o que diz Baptista (1998) sobre a política de formação continuada na Escola Plural:

---

[3] O autor escreveu o livro *10 Competências para Ensinar* (Porto Alegre: Artes Médicas, 2000) e assim as descreve: 1. Organizar e dirigir situações de aprendizagem; 2. Administrar a progressão das aprendizagens; 3. Conceber e fazer evoluir os dispositivos de diferenciação; 4. Envolver os alunos em suas aprendizagens e em seu trabalho; 5. Trabalhar em equipe; 6. Participar da administração da escola; 7. Informar e envolver os pais; 8. Utilizar novas tecnologias; 9. Enfrentar os deveres e os dilemas éticos da profissão; 10. Administrar sua própria formação continuada.

> Nessa perspectiva, a política de capacitação da SMED deve assegurar condições para que as situações de trabalho se tornem qualificantes e contribuam para desenvolver nos sujeitos da formação a busca constante por uma aprendizagem permanente. As atividades pedagógicas cotidianas precisam ser formadoras e, para isso, é preciso que sejam assegurados tempos de discussão coletivos, de preparação de registros das práticas desenvolvidas, espaços de troca dessas práticas, de leitura coletiva e individual, momentos de participação em atividades de formação oferecidos fora e dentro do contexto escolar. A organização dos tempos e as definições dos materiais, das assessorias, do teor das discussões a serem privilegiadas dependem de uma política de formação a ser definida pelos profissionais de cada escola. (BATISTA, 1998, p. 21)

Os materiais principais de formação são os *cadernos* já aludidos, que veiculam discursos sustentadores da política dispostos, ao mesmo tempo, de forma didática e prescritiva. Vemos neles o objetivo de indicar os passos da prática da política, apresentando, didaticamente, seus fundamentos. Seriam, então, esses discursos os suportes para produzir um professor prototípico, e o docente modelar seria a tradução do modo de ser docente da Escola Plural? Para que isso fosse possível, quais seriam as características desse docente modelar? Diríamos que seria um docente que superasse suas formas próprias de trabalho anteriores e buscasse concepções que reunissem fundamentos do pensamento crítico da educação e se orientasse pela prática como solução pedagógica. Assim, configurar-se-ia um modo de ser docente, com as características orientadas pelos discursos da política já descritos.

Em síntese, esse modo de ser docente na Escola Plural a ser produzido nas práticas da política e sustentado na formação continuada pressupõe um *docente coletivista* capaz de expor e partilhar sua experiência privada na sala de aula, "que requer uma certa *intimidade* entre o professor e os alunos" (TARDIF; LESSARD, 2007). Um docente que supere a tradição individualista e construa outra, aberta à participação coletiva e seja susceptível às avaliações públicas de seu trabalho.

Um docente militante afeito à entrega militante ao seu trabalho e aos fins da política, que seja capaz de imprimir, à escolarização, o caráter político para garantir as transformações subjetivas dos alunos e da sociedade em que vivem, conforme o ideário crítico da Escola Plural. Para isso, deve-se tornar um docente reflexivo sobre suas próprias práticas, com o duplo objetivo de modificá-las e adequá-las aos propósitos de uma educação crítica e emancipadora.

Um docente com o domínio das concepções sobre o aluno. Isso implica compreender o aluno pelo seu caráter coletivo, de ator social e não mais um sujeito da escolarização individualizado. Afinal, sobre ele fora construída uma visão orientada, tão somente, pela sua capacidade cognitiva. Por isso, o docente precisa lidar com novas formas de compreender o aluno e novas formas de realização de suas práticas educativas.

Um docente adepto da organização da escolarização em ciclos de formação deve assumir novas formas de organização do trabalho escolar, ser um novo professor capaz de lidar com os tempos da escolarização em ciclos de formação e construir práticas voltadas para a desseriação da escolarização e tem que adotar formas de avaliar que considerem o aluno individualmente e coletivamente, atribuindo-lhe conceitos de desempenho.

Um docente produtor de experiências pedagógicas capaz de eleger uma estratégia didática principal, isto é, o projeto de trabalho, para desenvolver de forma coletiva suas práticas pedagógicas. A escolha da metodologia específica de ensinar, no caso os projetos de ensino, segundo a Escola Plural, ultrapassaria e superaria as construções docentes anteriores, sejam individuais ou coletivas.

Um docente com mentalidade crítica que reconhece os alunos como atores sociais múltiplos e adota critérios culturais para compreendê-los. Por isso deve realizar a ressignificação dos conteúdos por meio de temas transversais escolhidos no coletivo da sala de aula ou nas assembleias gerais.

Considerações finais

As duas pesquisas, embora marcadas pela distância das épocas de sua produção, permitem compreender que a Escola Plural foi um projeto inovador que marcou a educação brasileira. Por outro lado, em ambas as investigações ficam claras as questões vinculadas ao papel dos professores na efetivação da política.

A primeira pesquisa tem seu olhar orientado pela necessidade de vislumbrar os reais efeitos da Escola Plural no período imediato de sua implantação e já aponta para as dificuldades encontradas pelos docentes e demais profissionais para aplicar os mecanismos da política. Fica demonstrado que os efeitos da inovação são efetivos, mas não necessariamente na direção proposta e que isso pode ser explicado pela forma como os profissionais das escolas lidam com ela. Ora assumem, ora resistem, ora recontextualizam e ressignificam os pressupostos enviados pela direção do sistema municipal de ensino. De qualquer forma, a investigação constata a centralidade da questão docente nos resultados da aplicação da política.

A segunda pesquisa parte dessas constatações para entender que a produção de um novo modo de ser docente demandado pela Escola Plural é fator importante sobre os resultados desta. Por isso conclui pela importância de se entender que a transformação proposta em uma política pública educacional implicará, necessariamente, em ordenamentos sobre os modos de ser docente, o que explicaria a necessidade de programas de formação continuada desenvolvida pelos organismos estatais. No entanto, fica a recomendação que se entenda que esse modo de ser docente é uma produção subjetiva e resulta de processos de adesão, resistências e ressignificações dos discursos oficiais, de tal forma que seus sentidos originais podem ser alterados e reorientados nas práticas escolares.

Referências

ARROYO, Miguel G. Na carona da burguesia: retalhos da história da democratização do ensino. *Educação em Revista,* Belo Horizonte, n. 3, 1986.

BAPTISTA, Mônica C. Escola plural e formação docente. *Tessituras*. Belo Horizonte: SMED/BH, n. 1, p. 16-23, fev. 1998.

BERNSTEIN, Basil. *A estrutura do discurso pedagógico*: classe, códigos e controle. Petrópolis: Vozes, 1996

BOURDIEU, Pierre. *Questions de Sociologie*. Paris: Ed. de Minuit, 1980.

CASTRO, Maria Ceres P. S; BAPTISTA, Mônica C. *Escola plural*: o direito a ter direitos. Belo Horizonte: SMED/PBH, 1999.

DALBEN, Ângela I. L. F. A *Avaliação escolar*: um processo de reflexão da prática docente e da formação do professor no trabalho. Tese (Doutorado) – UFMG, FAE, Belo Horizonte, 1998.

DALBEN, Ângela I. L. F. *Singular ou Plural?*: eis a escola em questão. Belo Horizonte: GAME; FaE; UFMG, 2000.

DALBEN, Ângela I. L. F. *Avaliação da Implementação do Projeto Político-Pedagógico Escola Plural*. Belo Horizonte: GAME; FaE; UFMG, 2000a.

DALBEN, Ângela I. L. F. *Uma prática pedagógica inclusiva precursora da Escola Plural*: a experiência da Escola Municipal Deputado Milton Salles. Belo Horizonte: UFMG; FAE; GAME, 2000b. (Relatório de Pesquisa)

DRUMOND, José Cosme. *Políticas de inovação educacional*: subjetivação e modo de ser docente na Escola Plural. Tese (Doutorado) – Faculdade de Educação, Belo Horizonte, 2011.

FORQUIN, Jean Claude. *Escola e cultura.* Porto Alegre: Artes Médicas, 1993.

LAWN, Martin. Os professores e a fabricação de identidades. *Currículo sem Fronteiras,* v. 1, n. 2, p. 117-130, jul./dez. 2001.

PERRENOUD, Philippe. *Dez novas competências para ensinar.* Porto alegre: ArtMed, 2000.

PREFEITURA MUNICIPAL DE BELO HORIZONTE. *Escola Plural*: Proposta Político-Pedagógica – Rede Municipal de Educação/SMED. Belo Horizonte: SMED, 1994.

PREFEITURA MUNICIPAL DE BELO HORIZONTE. *Escola Plural*: Proposta Político-Pedagógica – Rede Municipal de Educação/SMED. 3. ed. Belo Horizonte: SMED, 2002.

TARDIF, Maurice; LESSARD, Claude. *O trabalho docente*: elementos para uma teoria da docência como profissão de interações humanas. Petrópolis, RJ: Vozes, 2007.

TOURAINE, Alain. *Crítica da modernidade.* 7. ed. Petrópolis, RJ: Vozes, 1994.

JUVENTUDE: ENTRE A INDISCIPLINA E A ZOAÇÃO[1]

PAULO HENRIQUE DE QUEIROZ NOGUEIRA

A pesquisa de doutorado aqui apresentada surgiu de minha relação intrínseca com a docência no Ensino Fundamental e minha trajetória como formador de formadores, tanto no interior da gestão pública quanto como professor das disciplinas pedagógicas em cursos de licenciatura. Nesse longo percurso já de quase vinte anos vinculados ao magistério, há um fato ímpar e que assinala fortemente minha compreensão da escola, minha teorização sobre sua dinâmica e, principalmente, minha inserção na educação básica: a intensa disputa no campo educacional pela ampliação do número de vagas e pela qualidade da escola pública. Não é possível, portanto, desvincular esse meu trabalho das lutas sociais que pontuam o processo de (re)democratização em que se insere o País, no qual a questão do acesso e da permanência escolar das camadas populares é um dos desafios mais permanentes para os movimentos sociais.

Esse trabalho, entretanto, não é fruto dos erros nem dos acertos das ações já efetivadas pelas políticas públicas em atendimento às demandas por qualidade da escola. Seria simplista acreditar que as políticas educacionais possam *in totum* ser analiticamente comprimidas entre dois polos tão excludentes de avaliação ante uma realidade tão diversa e adversa. A pesquisa se deu, portanto, na confluência das contradições existentes nas dinâmicas de implantação de propostas inovadoras, que buscam reverter o quadro de exclusão a que se veem historicamente relegadas as frações mais empobrecidas de nossa população.

O que orientou a pesquisa foi, a partir de minha inserção como docente de uma dessas experiências de inovação pedagógica que ajudara a implementar quando era gestor, a tentativa de decifrar algumas das contradições existentes

---

[1] O presente texto foi apresentando na 33ª Reunião Anual da Associação Nacional de Pós-Graduação e Pesquisa em Educação/ANPED.

não mais apenas nas suas proposições originais, mas em seus desdobramentos práticos e coletivos assumidos em mais de uma década de experiência.

Fui professor, após a saída da gestão pública, de turmas aceleradas e me vi diante de alunos que se portavam como sujeitos de vontades, de desejos, de corpos e de potencialidades juvenis e que, entretanto, não correspondiam à compreensão prevista pelos cadernos curriculares da proposta e constrangiam as minhas boas intenções ao não se disporem a ser "protagonistas", como eu esperava que fossem sob o diapasão imposto pela escola.

Quem são os alunos do Ensino Fundamental e como eles se inserem cotidianamente no espaço escolar dando sentido, com sua presença, à própria escola? Era a pergunta que me fazia ao olhar para os meus alunos como professor de História. Por que eles vêm para a escola todos os dias, sendo raros os casos de infrequência intencionada, se, ao propor uma atividade, poucos aderem ao trabalho por mim demandado? Em sala de aula, as relações de companheirismo se tornavam mais importantes que as funções primordiais atribuídas à escola e, por extensão, a mim. Por que era necessário negociar a pertença daqueles meninos a uma identidade discente quando o que emergia era um jovem disposto a interagir, apesar de ser aluno? Perguntava-me enquanto buscava achar um lugar significativo para eles, ou pelos menos para mim, na escola.

Nada mais premente, portanto, do que me debruçar sobre essa temática e buscar revelar o que engendra esses sentimentos, atingindo a todos os professores em sala de aula e em seu cotidiano e fazendo surgir conflitos abertos entre eles: indisciplina, xingamento, depredação, brigas, vandalismo, disputas e outras tantas manifestações de agressividade ou desinteresse pelo trabalho escolar. Entretanto, era preciso revelar, também, o caráter contraditório desse agir que não ocultava um trabalho do sujeito em fazer valer sua posição subjetiva em uma insubordinação criativa às regras: conversas animadas sobre o que se passava no dia a dia; disputas acaloradas sobre o campeonato mineiro e a eterna rivalidade no futebol; namoros e as novas ondas da moda e da mídia; rebeldia juvenil mesclada a um sentimento pueril de gracejar durante uma atividade solene na escola; rir de si mesmo; brincar quando se tem quase dezoito como se tivesse oito; correr; falar; andar, andar, andar muito pela escola e fazer dos seus corredores rolés que não podem ser contidos em sala.

Olhava esses percursos e me perguntava pelos percalços da docência: pelos professores doentes, esgotados, por um sentimento de derrota no ar.

Participava de reuniões pedagógicas desfocadas da questão principal e, na tentativa de organizar a escola e os professores, aparecia a proposta de que se realizasse uma gincana da disciplina, em que cada turma ganharia pontos quanto mais disciplinados os alunos fossem. Um longo debate se sucedia na organização e no detalhamento da gincana, mas uma pergunta, ao final, à semelhança da história do guizo a ser posto no gato, põe o rei nu: quem vai motivar os alunos a entrarem na gincana e abrirem mão de suas interações pelas atividades orientadas pelos docentes? Outras propostas surgiam: chamar um pastor para falar aos alunos das necessidades do bom comportamento; passar o filme *Sociedade dos Poetas Mortos* para os pais. Enfim, o pastor ou John Keating, Robin Williams como professor messiânico, aparecem como aqueles que poderão trazer a tão necessária boa-nova aos alunos: é necessário ser um jovem e ao mesmo tempo ser um bom e aplicado aluno.

Sentia-me inquieto e com um sentimento de estar em um mundo desconhecido, apesar das ferramentas que adquirira em meu período de docência, em minha formação inicial e continuada e em diversas inserções, entre os quais se incluía o mestrado em educação.

Desse sentimento, que se transformou em curiosidade, nasceu a intenção de pesquisar, no doutorado, esses alunos e suas práticas. O projeto, inicialmente, buscava entender quais as causas subjetivas da indisciplina, mas, no decorrer da orientação, percebi que não se tratava de indisciplina, mas de processos sociais em que a subjetividade tinha um peso relevante na inserção desses alunos. E que, portanto, indisciplina era uma leitura possível de ser feita ao se perfilar favorável à organização dos alunos ensejada pela docência. Mas o que os alunos achavam de seus atos? Que mecanismos atuavam no interior das interações que provocam posições de aceitação e negação das regras escolares? Há algo que oriente a ação dos alunos, em sua interação na escola, e que se poderia chamar de uma organização? Ou se trata de um processo de anomia social?

A centralidade da pesquisa, portanto, enfeixou esses aspectos, nos quais a questão da socialização juvenil tornou relevante o como as relações de reciprocidades, ao estabelecerem processos de sociação, constroem e significam as práticas escolares.

1 Marco teórico

A centralidade teórica prendeu-se às diferentes concepções da relação entre indivíduo e sociedade fundante da constituição da modernidade e de suas instituições, como a escola. Dediquei-me, portanto, a analisar as contribuições de Durkheim (1984), Simmel (1986a, 1986b) e Mead (1993) no debate que cerca essa relação e de como, a partir de particularidades, constitui-se uma ordem universal expressa como regra a ser aceita pelas singularidades individuais já socializadas.

O uso que faço dessa teorização é para explicitar pontos de vista concorrentes no debate e posicionar-me pelas análises simmelianas que serão utilizadas no decorrer do texto para elaborar, organizar e analisar os dados do campo. Detenho-me a compreender como a sociação, na circunscrição das relações de reciprocidade, engendra maquinismos entre o jovem e o discente que ora os identificam, ora os distanciam numa atribuição de sentidos à pertença ao grupo de referência e à própria escola.

Simmel, diferenciando-se de Durkheim, recusa-se, em sua teorização social, a compreender a relação entre o indivíduo e sociedade, assentada sobre uma pretensa solidariedade orgânica a galvanizar a aceitação das regras sociais pelos indivíduos que as internalizam como norma de conduta dos grupos sociais. Para Simmel, há uma inadequação entre esses dois polos que pressupõe uma orientação de que o indivíduo não se encontra nunca completamente socializado. Restando, portanto, uma inadequação entre subjetividade e objetividade social que traz à cena uma subjetividade atuante e rica que se estranha e estranha a ordem, e exige dela novas formas sociais que a contemple.

Essa dinâmica processual provoca uma oposição recíproca intrinsecamente relacionada, concomitantemente, a uma posição de reciprocidade entre os polos. Ambos os posicionamentos são interdependentes, o que faz, portanto, que não haja relação harmônica possível entre eles, a não ser que a concebamos como relação não complementar de uma harmonia cujo cariz manifesta-se na alternância do relevo de um dos polos. O círculo virtuoso representaria essa dinamicidade oxímara entre as partes e faria do conteúdo e da forma momentos de uma dialética não complementar e, portanto, não idêntica entre elas. Já o círculo vicioso pressuporia uma identificação que levaria à reificação da forma e a uma exacerbação da posição individualista diante de organizações reificadas.

Para manter o movimento circular virtuoso é necessário descolar esses dois momentos da relação entre subjetividade e objetividade, fazendo com que a forma não venha, em sua prescrição dos papéis sociais, a impedir a subjetividade de se expressar. É necessário manter o indivíduo não completamente socializado e considerar essa inadequação um trabalho do ator em se tornar sujeito de sua experiência individual – Touraine (1996); Dubet (1984); Dubet; Martucelli (1996, 1997).

O olhar sobre a escola, portanto, deve-se guiar não na busca apenas da prescrição ou de seu não exercício pelos atores sociais envolvidos. Mas, sim, deixar-se conduzir pelo vivo movimento de emersão da subjetividade e as implicações desse polo na forma escolar. Ao contrário da anomia, proposta por Durkheim, referendam-se os encontros fortuitos, assinalados pelo sujeito como nevrálgicos para a emersão da subjetividade na contrafação das regras escolares.

O local privilegiado de observação, portanto, foi a sala de aula, âmbito em que os alunos interagem constantemente, inclusive por exigências da escola (FIG. 1).

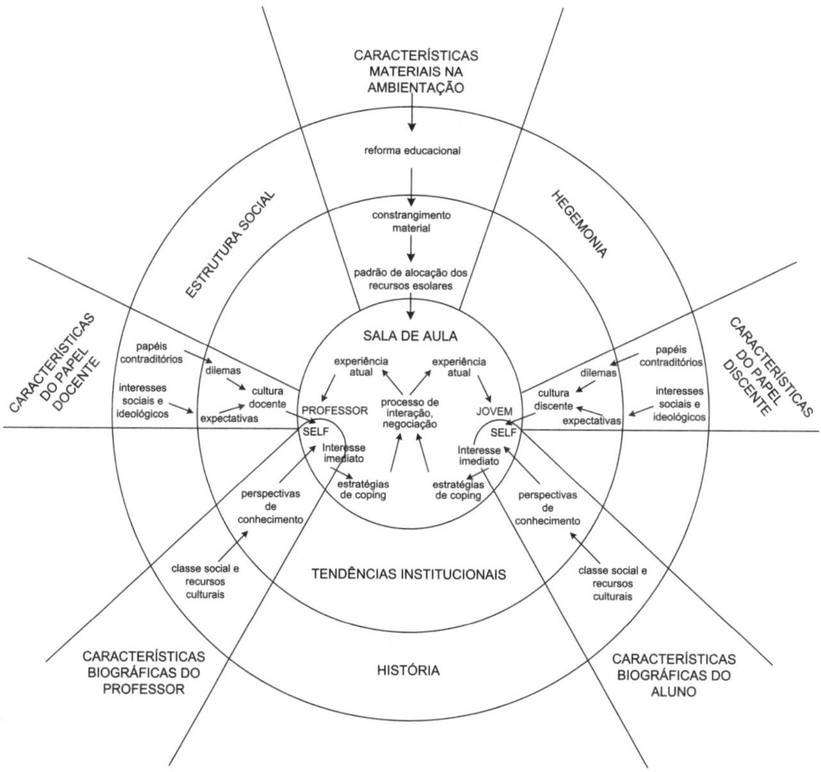

FIGURA 1 – Processos de interação entre professores e alunos, tendo como foco a sala de aula[2]

[2] Diagrama elaborado por Pollard (1985, p. 157).

É na sala de aula que se podem perceber as negociações existentes entre os indivíduos na manutenção de suas posições subjetivas estrategicamente delineadas, tendo em vista a consecução das aulas, exigência principal das regras escolares, e, simultaneamente, a criação de espaços para a realização de si, exigência fundante da experiência subjetiva dos atores envolvidos.

2 Recursos metodológicos

A ida ao campo, realizada durante o segundo semestre de 2003 e o primeiro de 2005, foi orientada, portanto, por um olhar simmeliano, ao buscar, nas interações, os tipos que me possibilitassem compreender os ajustamentos de conduta e de pertencimento dos alunos a partir das ações empreendidas por eles no interior da escola.

O contato com a escola, o contato com os alunos, a observação em campo das interações mantidas por eles em sala de aula, fizeram-me perceber a necessidade de se compreender mais de perto as interações e buscar o infinitamente pequeno e não perceptível a olho nu, pois, aparentemente, todos eram amigos de todos, todos eram insubordinados, todos eram "o cão chupando manga" – como diria um professor, rindo de uma situação que se passara em sala.

Por isso, lancei mão de um sociograma para entender essas relações aparentemente tão homogêneas. Com esse artifício, pude perceber os primeiros alunos que demarcavam a diferença e que me fizeram perseguir, ainda com maior convicção, os tipos simmelianos e que encarnariam os não socializados de forma mais radical.

Assim, emergiram da análise do sociograma, em meio à semelhança, três alunos que não foram escolhidos por ninguém da sala. Ao analisar suas entrevistas, percebi como a rede interna de sociação é desconhecida pelos professores e como os alunos a percebem como uma rede de valoração das pertenças de cada um em uma urdidura inclusiva e exclusiva de pertencimentos e identidades consideradas significativas. É essa a análise que me faz afirmar um paradoxo na educação que se funda na ambiguidade entre identidade juvenil e identidade discente.

Detenho-me, aqui, para precisar algumas conclusões a que cheguei na investigação realizada. Antes, entretanto, de passar aos dados já categorizados e prismados pela análise, permito-me recuperar alguns elementos teóricos propugnados por Simmel.

Gostaria de destacar oito pontos:

- relações mantidas entre o Direito, os Costumes e a Moral;
- o tamanho dos grupos;
- os círculos que os perpassam;
- as relações de subordinação existentes internamente entre seus membros e os grupos;
- as variáveis de cooperação e competição;
- as forças a agirem sobre os círculos existentes;
- a constituição de tipos;
- os graus de heterogeneidade e homogeneidade dos grupos em sua composição interna e na relação externa mantida entre eles.

Infelizmente, pelos limites deste artigo, não é possível me debruçar em cada um desses aspectos. Mas gostaria de frisar que é a interdeterminação entre eles que orientam minha análise das interações entre os grupos de alunos e deles para com o grupo de professores. No qual o tamanho do grupo e o pertencimento a círculos distintos provoca uma diferenciação na pertença identitária dos indivíduos, ao estabelecer entre eles formas hegemônicas e subalternas de sociação em que heterogeneamente e homogeneamente sucede a cada um se reconhecer como competidor e cooperador em uma mesma causa.

Nesse aspecto, a forma escolar é modulada pelos alunos em sala de aula, tendo em vista que cabe aos professores, de fato, a conservação do *Frame*[3] naturalizado como o mais adequado à preservação dos interesses institucionais e prescritos pelas regras escolares.

Por isso, as estratégias metodológicas privilegiadas foram as de caráter etnográfico, como o diário de campo e o uso de entrevistas densas. O procedimento adotado foi a escrita no diário das cenas por mim presenciadas e que anunciavam o conflito entre as perspectivas docentes e discentes. Logo após, realizava entrevistas de grupo com os envolvidos e entrevistas individuais com cada um

[3] O termo possui uma dupla acepção ensejada por Goffman (1986), para quem o *Frame* não é apenas um estado, uma natureza, mas, simultaneamente, uma condição criada e estabelecida, fabricada. Essa duplicidade é ressaltada por ele ao considerar o *Frame* como um dispositivo operacional no qual os indivíduos se inserem numa configuração movida e movente pelos sujeitos em suas implicações interacionais. Priorizo, portanto, o termo em inglês para garantir essa compreensão mais ampla que a tradução para quadro ou moldura poderia ferir. Um termo em língua portuguesa mais próximo do original seria "enquadre" ou "enquadramento", por servir tanto como substantivo ou verbo e transitar melhor entre a duplicidade proposta por Goffman.

deles para levantamento de hipóteses explicativas sobre os eventos observados. Assim, elaboravam-se narrativas sobre os acontecimentos vividos e presenciados, em que lógicas de grupo eram analisadas pelos atores sociais envolvidos. Todo esse material constituiu o cerne dos dados analisados na pesquisa.

3 A análise dos dados coletados

Os professores agem na manutenção de uma modalização em que, mesmo havendo estrategicamente tergiversações conforme o estilo de cada docente e as suas concepções educacionais, se mantém a consecução das assimetrias escolares, na perspectiva de que o controle da sala de aula é atribuído ao docente e o trabalho a ser executado é a tarefa que lhe cabe exigir.

Assim, para os professores, o enquadre naturalizado por eles corresponde ao legitimamente imposto aos alunos e que, reciprocamente, é visto pelos últimos como o mais adequado ao prosseguimento da normalidade escolar. Professores e alunos aparentemente concordam com esse ponto, entretanto, essa concordância é provisória e sinaliza apenas o início das interações que deverão ser arbitradas em torno a esse pertencimento discente.

Por um lado, os professores buscam manter o *Frame* e avaliam as condutas dos alunos conforme a aceitação das regras em jogo; e, por outro lado, os alunos violam as regras que aceitam, por saberem que estas impedem a manutenção de uma autonomia do sujeito ante os papéis exigidos pela instituição escolar.

Para os professores, portanto, o que emerge como significativo na sua relação com os alunos é a permanente capacidade de negociar a pertença dos alunos à identidade atribuída ao discente, que tem como modelo o tipo ideal de aluno exigido pelas regras escolares e como os professores a interpretam (FIG. 2). O cruzamento entre performance acadêmica e performance disciplinar faz com que professores diagramem os alunos conforme a capacidade que eles possuem de seguir regras e tirar boas notas.

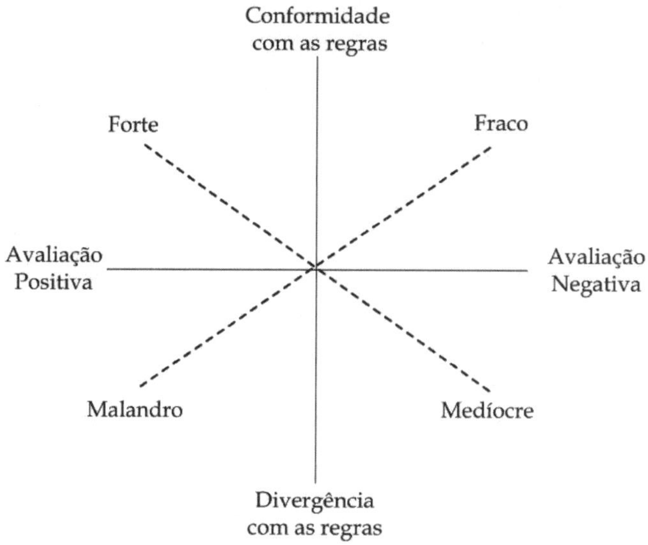

FIGURA 2 – Diagrama comparativo dos tipos de alunos que são perspectivados pelos professores[4]

Ser forte ou fraco são possibilidades dos alunos conformados às regras, enquanto a mediocridade e a malandragem são de alunos não conformados. Os fracos e medíocres possuem notas baixas, enquanto os malandros e os fortes se igualam em suas potencialidades, mas se distanciam em sua capacidade em traduzi-las em notas, visto que o malandro não se comporta de forma adequada. Pelo caráter discricionário do esforço envolvido para conformar-se às regras e tirar boas notas, é da natureza da avaliação docente perceber os alunos pelo esforço envolvido muito mais do que pelas metas alcançadas. Assim, na FIG. 2, evidencia-se como os alunos são vistos por sua performance em atender aos critérios docentes, em que ser fraco é muito menos ameaçador do que ser medíocre e ainda menos do que ser malandro. Fica claro, portanto, que as relações que os alunos estabelecem e a capacidade de eles interagirem com os colegas não são levadas positivamente em consideração pelos professores, pois o filtro é o da performance acadêmica e seu ajustamento às regras.

Os alunos sabem disso e orientam sua ação tendo em vista permanecerem adequados ao *Frame* relevante para a docência, pois só assim inserem-se adequadamente nos processos escolares e, simultaneamente, buscam atender as normas

[4] Diagrama elaborado por Woods (1984, p. 54).

gestadas pelos jovens em sua convivência. Essas normas apontam para outras modalizações do *Frame* da sala de aula à revelia das regras escolares. É justamente nessa situação que se expressa a zoação como capacidade de os alunos moldarem a cena e negociarem estrategicamente a sua pertença ao *Frame* anterior. Sendo assim, eles buscam permanecer alunos, se integrar às lógicas escolares e, concomitantemente, alterar esse pertencimento na recusa da integração em um posicionamento mais subjetivo.

Ao se tomar as lógicas apontadas por Dubet (1996), perceber-se-á na FIG. 3 que subjetivação, integração e estratégia são posicionamentos interdependentes que influenciam a ação do ator ao mobilizar a sua subjetividade na aceitação e recusa das regras escolares e das normas grupais. Para os alunos, o bom aluno é aquele que consegue atender concomitantemente essas duas variáveis aparentemente excludentes: manter-se atento às regras da escola e às normas do grupo por meio da zoação.

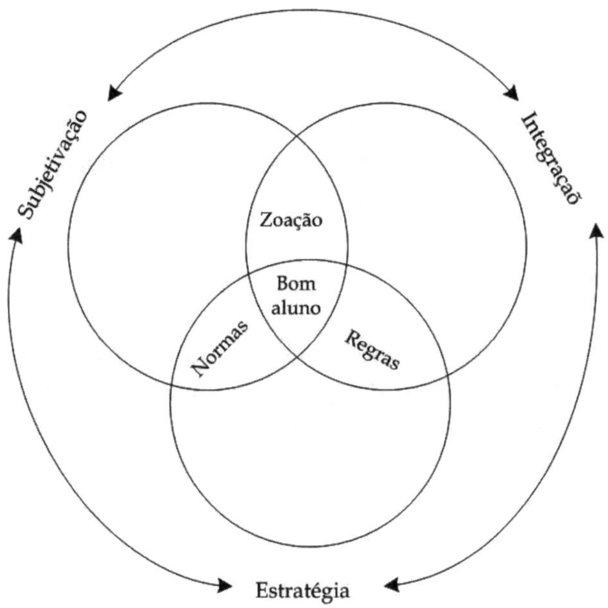

FIGURA 3 – Diagrama do entrelaçamento das três lógicas sob a ótica discente e os tipos

Zoar é a capacidade que o sujeito tem de permanecer como aluno, sendo jovem. E ser jovem é algo inerente aos conteúdos subjetivos desses alunos que se veem todos pertencentes à mesma geração.

Segundo Simmel, a quem acompanho na nomeação dos círculos de pertença que atravessam os grupos juvenis, ser jovem é uma condição biológica em que a idade expressa uma homogeneidade de todos os alunos frente à escola e ao professor como seu legítimo representante. Será apenas no segundo círculo, no círculo de gênero, que se terá uma variação no pertencimento biológico, visto que ser homem e mulher constrange, apesar de não prescindir, o anatômico ou o fisiológico. É no pertencimento de gênero, portanto, que se desfaz a homogeneidade e se instala a capacidade da diferenciação entre meninos e meninas não apenas por sua natureza, mas pela complexidade cultural das performatividades de gênero.

Essa heterogeneidade, entretanto, organiza-se na submissão a uma normatividade heterossexual compulsória que confere ao masculino uma posição hegemônica. São essas diferenciações que sustentam as distinções entre os gêneros não apenas em dois grandes eixos do masculino e do feminino, mas os diferenciam internamente ao pluralizar as masculinidades e as feminilidades.

O terceiro círculo é ainda mais heterogêneo, pois se circunscreve nas diferenças de classe em que o determinante não se limita ao acesso a determinados bens; ele se pauta, antes, na capacidade de cada um tornar essa apropriação um estilo de vida. Aqui a base fisiológica ou anatômica se perde ainda mais e ganha força a capacidade simbólica de diferir-se.

No QUADRO 1, apresenta-se um resumo com os três círculos – geração, gênero e classe social –, suas respectivas forças – juventude, heteronormatividade e estilo de vida –, e os tipos próprios de cada um – adolescente e zoador; viado[5], bicha, piranha, puta, perdida e pegador; preta, patricinha/boy e favelado. Esses tipos servem como posições estratégicas que, segundo Simmel, incorporam relacionalmente o estrangeiro na rede de sociação e, portanto, são alijados, na medida em que evidenciam as marcas não reconhecidas pelos indivíduos como positivas. Servem, dessa forma, para promover a zoação e diferenciar subjetivamente cada um na rede de interações mantidas pelos alunos.

[5] Richard Parker (1991) assinala o uso da grafia veado e viado como sinônimo de homossexual e que, semelhante à bicha, é efeminado. Aqui o uso com "i" por sugestão de PARKER (1991) que o considera mais corriqueiro no vernáculo sexual. Confira a posição de Herbert Daniel (1983) sobre o uso de veado ou viado.

QUADRO 1

Resumo com as forças, os círculos e os respectivos tipos

Forças	**Círculos**	**Tipos**
Juventude	Geração	Adolescente Zoador
Heteronormatividade	Gênero	Viado/Bicha Piranha Puta Perdida Pegador
Estilos de vida	Classe social/ Raça	Preta Patricinha/Boy Favelado/Favelada

Essas forças, círculos e tipos se implicam mutuamente, formando um maquinário a engendrar uma situação de cooperação entre todos sob a égide da zoação em que os tipos são usados, para se afirmar a homogeneidade de todos como jovens e diferenciar a cada um no espectro de gênero e de classe, conforme demonstra a FIG. 4.

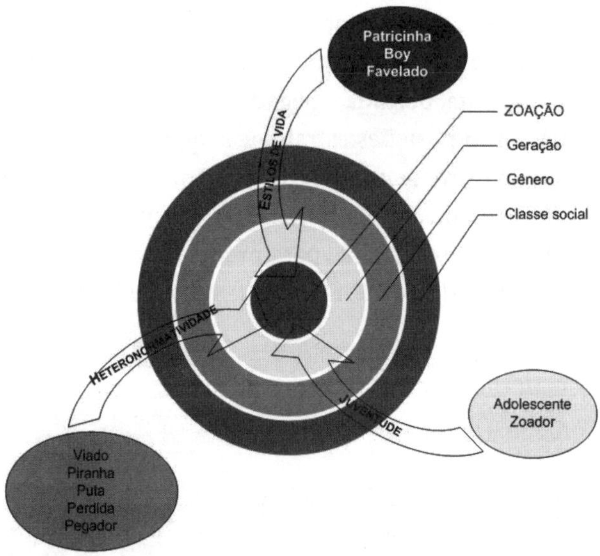

FIGURA 4 – Diagrama concêntrico das forças

Ou podem se implicar em outro desenho competitivo em que os tipos servem para impedir a convivência de todos e fazer transbordar a zoação que entorna como ofensa para o outro (FIG. 5).

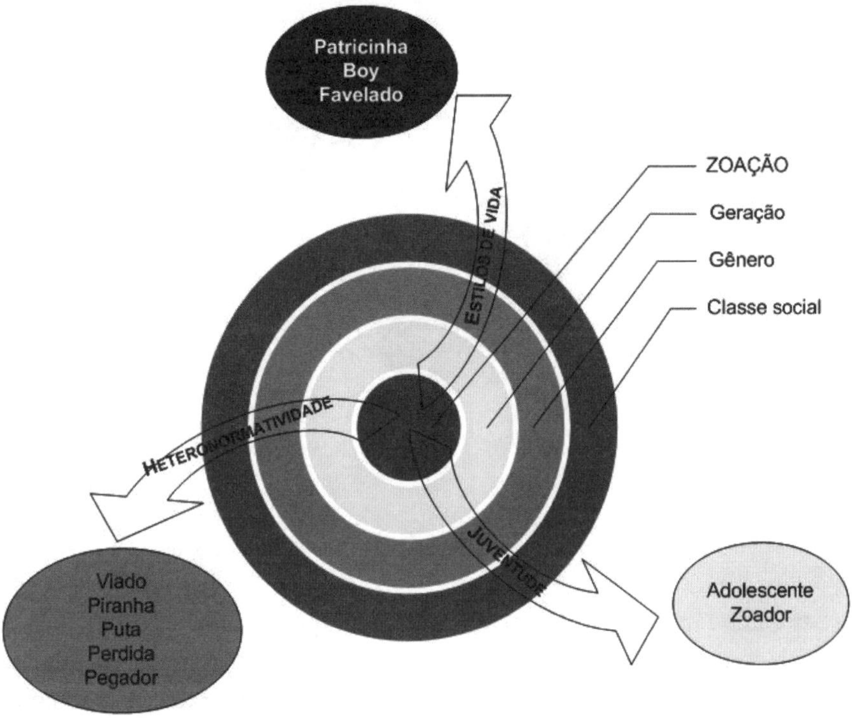

FIGURA 5 – Diagrama excêntrico das forças

Esses movimentos tornam concêntricos e excêntricos os círculos e fazem da zoação um móvel a homogeneizar e heterogeneizar as diferenças, ao trazer cooperação e competição entre os jovens. Os tipos se tornam posições estratégicas nesse interjogo complexo entre pertencimentos identitários desses jovens, que se recusam a se verem apenas como alunos ao se reafirmarem como jovens portadores de uma sexualidade, de uma autoimagem e de um estilo de vida.

Na FIG. 6, a mesma da FIG. 3, acrescentamos os tipos já elencados no QUADRO 1 e essa junção nos possibilita ver como o entrelaçamento das várias lógicas aponta para a constituição estratégica de tipos não desejados, conforme a ênfase são as normas de convivência entre os grupos de alunos ou as regras escolares.

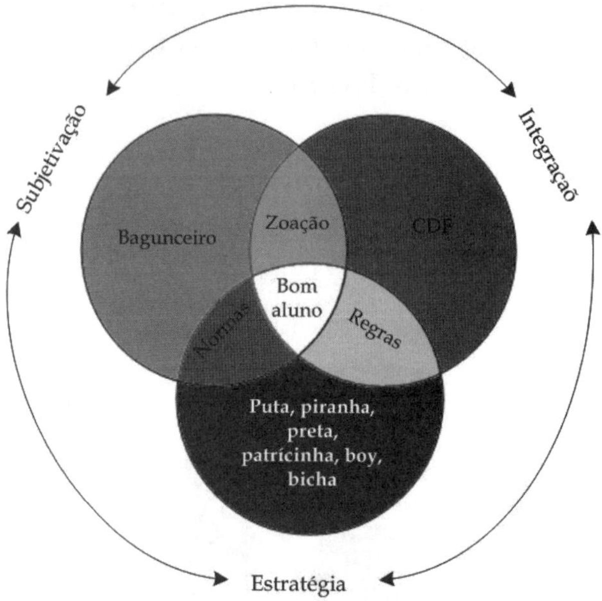

FIGURA 6 – Diagrama do entrelaçamento das três lógicas sob a ótica discente e os tipos

Ser CDF é manter-se tão socializado de um ponto de vista durkheimiano que não se consegue ter individualidade possível, e ser bagunceiro é estar tão anômico frente às regras que não é possível nenhuma integração. É necessário, portanto, não ser nem um nem outro para que o sujeito possa permanecer integrado às regras e divergindo delas. É necessário que o sujeito zoe.

É a articulação entre essas três lógicas que faz com que os alunos, por um lado, reiteradamente reafirmem a identidade discente, mesmo que simultaneamente dela divirjam; e, por outro lado, divirjam sem romper com as regras, sob pena de se verem punidos pelos professores que os podem considerar bagunceiros. Ser chamado de bagunceiro é ruim também na relação com os outros alunos, pois há uma exigência conferida pelas normas consuetudinariamente gestadas pelo grupo de que o bagunceiro atrapalha e perdeu a medida de zoar. Assim como bagunceiro, os outros tipos correspondentes às diferenciações estratégicas também servem para diferenciar os alunos ao imputarem a alguém a pecha de viado, bicha, piranha, puta, perdida, pegador, preta, patricinha/boy e favelado.

A zoação é uma arte refinada que exige uma lenta aprendizagem em sala e com os colegas, pois pode descambar para a bagunça ou para a ofensa. O árbitro será, na maior parte dos casos, o professor, pois a ele compete fazer com que todos os alunos permaneçam atentos às aulas e dela participem.

Viu-se que os alunos são movidos por uma lógica trinária, enquanto os professores possuem uma lógica binária que subjaz à sua ação. É o embate dessas duas lógicas distintas que provocam, na sala, um desencontro tensionado entre professores e alunos, como mostra a FIG. 7.

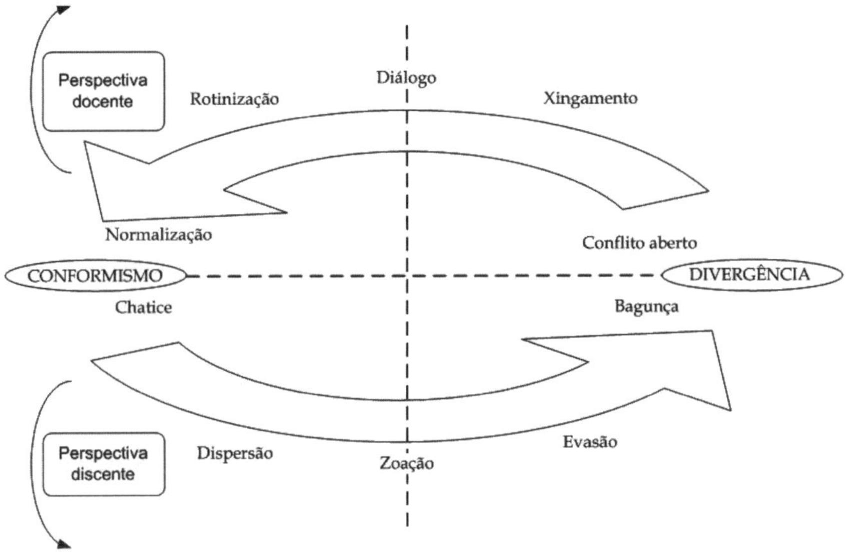

FIGURA 7 – Confronto das lógicas discentes e docentes

Dois movimentos distintos de realinhamento, inscritos em *Frames* antagônicos, perspectivam as interações de professores e alunos e entre eles na sala de aula. Para os docentes, quanto maior for a aceitação do enquadre relacional a exigir uma performance dos alunos apropriada à identidade discente, maior é o sucesso obtido pela escola no alcance de uma normalização ideal. Para os alunos, quanto maior for, sob a égide das suas relações de reciprocidades, o espaço destinado ao exercício de sua subjetividade e a constituição de processos de subjetivação, maior será a tipificação de identidades juvenis mais próximas aos tipos e, consequentemente, maior será a divergência de seu posicionamento em relação às regras escolares. Ou seja, enquanto professores apontam para o conformismo nas condutas juvenis em torno à *persona* do discente, os alunos apontam a divergência com essa *persona* e a emersão de outros sentidos de pertença identitária não previstas pela discência.

Gera-se, como se trata de sentidos opostos nos vetores que organizam a conformação dos *Frames* e as identidades de pertença, um conflito de antagonismo entre as identidades de pertença e as identidades atribuídas. Ora hegemonizam-se processos interacionais em que a seta aponta para uma maior normalização a partir da intervenção docente, ora, em sentido oposto, o viés aponta para a divergência com o que se espera dos alunos e emergem posições juvenis contrárias à *persona* de referência da identidade discente. Professores e alunos sabem, entretanto, que tanto uma situação quanto a outra invalidam a pertença de ambos à escola, pois provocam situações de constrangimento a uma saída negociada para ambos. Tender para a normalização, por um lado, provoca uma aula chata, monótona, em que as rotinas escolares evidenciam-se como constrangedoras da subjetividade juvenil a se dispersar em relação ao *Frame* escolar por ser exigido a sua conformação com as expectativas depositadas pelos professores na *persona* discente; tender para a divergência, por outro lado, apesar de fazer emergir a subjetividade juvenil, impede que a aula prossiga por trazer, no encalço do transbordamento da zoação, a bagunça e o xingamento dos professores que buscam (re)conformar os jovens à dinâmica da sala de aula e evitar o conflito aberto.

4 À guisa de conclusão: algumas críticas, apontamentos e uma pitada de ironia

O conjunto dessas questões faz emergir uma percepção de que a instituição escolar encontra-se em declínio justamente em seu coração, que é a sala de aula (DUBET; MARTUCELLI, 1996). Para termos, entretanto, um contato mais fidedigno com esse declínio em sua totalidade, é necessário buscar nessa dimensão as evidências de uma incidência relacional do declínio macro da instituição escolar – como diz Bourdieu (2004, p. 11), em um necrológio dedicado a Goffman, a "infinidade de interações 'infinitesimais' cuja integração faz a vida social". É preciso buscar perceber como se manifestam, em sua circunscrição e inserção no mundo vivido, as alterações em curso por que passam as instituições escolares e seus fins formativos. Não se deve esquecer, portanto, que, de fato, não há um fosso entre aspectos micro e macro, apesar de aqui ter priorizado as dimensões micro da interação.

E creio que é essa a colaboração de meu trabalho: compreender como na escola os aspectos mais amplos da sociedade repercutem, em seus desdobramentos, nas interações mantidas por alunos e alunas e, principalmente, por meio das vivências levadas a cabo por eles na escola, tendo em vista a exigência de uma performance adequada ao trabalho escolar, mas relativizada pelo trabalho da face do sujeito em meio à zoação (GOFFMAN, 1980). É necessário, entretanto, indicar um limite ao trabalho aqui apresentado.

O limite é a não conexão das questões micro com as questões macro de uma forma mais explícita. Superar esse limite exige que se amplie o foco de análise e se incorpore outras abordagens a serem realizadas em pesquisas ulteriores.

Quais as pertinências entre crise do diploma e crise da escola? Quais as alterações ocorreram no mercado de trabalho como um interveniente na formação escolar/profissional e inserção de jovens na busca do primeiro emprego? Como se cruzam perspectivas escolares e perspectivas sociais – familiares, por exemplo – na escolarização desses jovens de camadas sociais tão distintas? Essa dinâmica aponta uma rearticulação dos complexos vínculos entre fracasso social e fracasso escolar? Alterar-se-á a inserção de jovens escolarizados no mercado de trabalho a partir das alterações substanciais em suas carreiras acadêmicas? Que vínculos essas mudanças trazem para as políticas públicas que atendem esse universo de alunos? Como incorporar essas alterações nas propostas de escolarização de jovens no Ensino Fundamental? Como tratar a formação docente dos que se dedicarão ao ensino para essa faixa etária? Quais os vínculos existentes entre as questões mais pontuais de gênero e etnia, por exemplo, e os processos mais gerais da sociedade brasileira? Trata-se de um declínio da escola de massa em um contexto contraditório no qual a universalização da matrícula é resultado de um esforço dos últimos anos? Ou é justamente a não criação de uma escola de massa que se encontra em questão? É um declínio ou uma ausência? O que está em descenso é a escola republicana, como no modelo francês, ou o que se dá é a falta de uma escola republicana no Brasil?

Há muito a ser pensando, pois, se de fato Dubet está correto, há uma crise também de racionalidade – não no sentido de uma disfunção sistêmica, mas de uma incompreensão do fenômeno. Novos elementos se encontram em jogo, recém-instaurados como questões sociais e, obviamente, como fenômenos de pesquisa.

Algumas trilhas perseguidas nessa pesquisa, entretanto, podem servir como pistas para pensar aspectos desse emaranhado complexo de questões. Refiro-me mais exatamente às concepções da relação indivíduo e sociedade em que se localiza a educação como aporte para a formação de um indivíduo socializado. Mesmo que as posições clássicas defendidas por Durkheim tenham já sido criticadas pelos pensadores vinculados à educação, principalmente nos fins sociais previstos por sua teoria, um aspecto continua válido: a necessidade da mediação educacional como estratégia de educação das novas gerações. Como pedra fundamental do ato educativo e da formação dos sistemas escolares é inegável que há espaço cada vez mais legítimo para a escola. O que se desloca, entretanto, é a convicção do pensador francês de que isso seria conseguido por meio de uma educação moral do infante na criação de um adulto altruísta – *pari passu* recompensado pela complexidade social e pela intensificação da divisão social do trabalho.

E isso se dá pela própria ineficácia dessa promessa. Não se pode, por um lado, após as críticas foucautianas, adotar uma visão ingênua dos equipamentos criados na modernidade, sendo necessário, portanto, desconfiar de sua capacidade socializadora em uma sociedade centrada na manutenção de assimetrias sociais e que, capilarmente, envolve a subjetividade em teias que encapsulam e disciplinam o sujeito. Por outro lado, não se pode perder de vista o frescor trazido por esses jovens, observados na escola, a apontarem uma apropriação e reinvenção do espaço escolar, mesmo que à revelia de suas exigências de integração, não é possível creditar às teorias da morte do sujeito a única chancela de verdade.

Nesse aspecto, creio que os aportes simmelianos ajudam a elaborar um *aproche* teórico dos fenômenos em curso que leve em conta tanto a dimensão criativa da subjetividade na apropriação dos espaços institucionais ao preenchê-los com os conteúdos do polo subjetivo quanto a dimensão objetiva a demarcar outro polo, no qual as exigências institucionais se fazem presentes como estruturas capazes de garantir a permanência requerida pela *longue dureé* de que fala Giddens (2003), em sua concepção teórica da estruturação.

Sendo assim, não se pode perder de vista a intrincada rede de interações, em que a cultura é simultaneamente possibilidade de afirmação da subjetividade e da objetividade, como assinala Simmel. Não há uma oposição mecânica entre os dois polos, mas uma complementaridade conflitiva em seus interesses. Por esse prisma de análise, o individualismo e a reificação serão sempre possibilidades de virem a acontecer. Ou seja, não se trata de perceber esses alunos unicamente como incivilizados ou incultos, nem narcisistas ou consumistas. Em cada interação, alguns desses aspectos podem, entretanto, se apresentar no campo de possibilidades que se abre por ocasião da relação estabelecida entre os dois polos acima referidos.

Talvez essa compreensão só reitere o mal-estar por não apresentar uma saída já estabelecida para as questões que desafiam a escola. Mas, é necessário lembrar, também não fecha possibilidades de ação tanto no campo social quanto no campo pedagógico, fomentando, ainda, o parecer de que haverá posições narcísicas, consumistas, hedonistas, mas também aspectos criativos, inovadores e vivificantes das estruturas.

A questão que resta e que é feita ao campo pedagógico é sobre a eficácia de organizar a dinâmica escolar a partir de processos mais abertos, nos quais as lógicas de subjetivação não mais se encontrem identificadas à lógica de integração. Ambas passam a ser usadas recursivamente pelos jovens alunos como estratégia de melhor posicionar-se na instituição escolar e, concomitantemente, em suas pertenças identitárias.

Ou seja, repõe-se o desafio da modernidade que é a tensão e as ambiguidades presentes na integração do ator às lógicas sistêmicas. Tanto as pedagogias mais diretivas como as pedagogias mais libertárias tentaram responder a esse dilema entre autonomia e heteronomia relativo à constituição de um indivíduo integrado e simultaneamente livre. Dubet afirma que essa é a intenção da escola na modernidade, independente de sua adesão a projetos pedagógicos centrados em um aspecto ou outro e que, portanto, o que está em jogo, mais do que uma opção nesse espectro, é a própria capacidade de a escola dar legitimidade a essa sua função.[6]

A questão é complexa, pois as alternativas que se desenham apontam a retomada das dimensões institucionais que poderão ora assumir aspectos de contenção da violência e do vandalismo presentes nos conflitos abertos na intenção de proteger o indivíduo e o patrimônio público, ora resvalar para o controle da subjetividade denunciada pelas teorias foucautianas. As alternativas contrapostas e centradas na subjetividade podem intensificar as estratégias de participação dos alunos como uma resposta autogestionária aos desafios da organização escolar, mas podem, simultaneamente, trazer um sentimento de *laissez-faire* a intensificar ainda mais as posições individualistas e hedonistas da subjetividade.

É justamente essa tensão ternária que vive o sujeito na modernidade e que, ao libertar o indivíduo do peso do(s) determinismo(s) estrutural(is), constrange o ator em lógicas sociais já estabelecidas. Trata-se de uma dinâmica não peda-

[6] Essa tematização desfaz o bipolarismo tão sedimentado na análise educacional brasileira e que se torna explícita na contraposição elaborada por Saviani (1983) entre teorias não críticas e teorias críticas, em que a vara pende de um enfoque tradicional a um enforque humanista – a própria vara já é curva.

gógica, mas social e que deve ser tratada também pela escola por atravessá-la e significar a inserção de alunos e professores em seu cotidiano.

Relativiza-se a pedagogia, mas não se abandona o campo de sua teorização. Caberá, pois, aos saberes pedagógicos, em seus mais diferentes matizes, lidar com aspectos não mais previstos por sua matriz histórica que é a capacidade de edificar um sujeito via a lógica da integração. Se as pedagogias ativas ou as mais afinadas a processos construtivistas ainda demandam um sujeito a ser edificado e edificante, é porque ainda se reitera a ilusão pedagógica. Aí, sim, caberá perguntar quais as novas funções do ato pedagógico e, em seu limite, quais as funções destinadas à escola, pois haverá uma margem não controlada pela ação pedagógica.

Haverá sempre uma terceira margem ao rio que não apenas o delimita, mas o transborda – diz a música em sua intertextualidade com o rio de Rosa (1988): "Fora da palavra, quando mais dentro aflora" (NASCIMENTO; VELOSO, 1991).

Referências

BOURDIEU, Pierre. Goffman, o descobridor do infinitamente pequeno. Trad. Luiz Eduardo Robinson Achutti. In: GASTALDO, Édison (Org.). *Erving Goffman*: desbravador do cotidiano. Porto Alegre: Tomo Editorial, 2004. p. 11-12.

DANIEL, Herbert. Grafias bio - de/gradáveis ou/a ou /as. In.: DANIEL, Herbert; MÍCCOLIS, Leila. *Jacarés & Lobisomens*: dois ensaios sobre a homossexualidade. Rio de Janeiro: Achiamé, 1983, p. 19 – 68.

DUBET, François. *Sociologia da experiência*. Trad. Fernando Tomaz. Lisboa: Instituto Piaget, 1996. 282 p. (Original francês).

DUBET, François; MARTUCCELLI, Danilo. *A l'École*: sociologie de l'experience scolaire. Paris: Editions du Seuil, 1996. 264 p.

DUBET, François; MARTUCCELLI, Danilo. A socialização e a formação escolar. Trad. Carlos Thadeu C. de Oliveira. *Lua Nova*: Revista de Cultura e Política, n. 40/41, p. 241-266, 1997.

DURKHEIM, Emile. *Sociologia, educação e moral*. Trad. Evaristo Santos. Porto: Rés, 1984. 398 p. (Original francês).

GIDDENS, Anthony. *A constituição da sociedade*. Trad. Álvaro Cabral. 2. ed. São Paulo: Martins Fontes, 2003. 458 p. (Original inglês)

GOFFMAN, Erving. A elaboração da face: uma análise dos elementos rituais da interação social. In: FIGUEIRA, Sérvulo (Org.). *Psicanálise e Ciências Sociais.* Trad. Jane Russo. Rio de Janeiro: Francisco Alves, 1980. p. 76-114. (Psicologia e Psicanálise).

GOFFMAN, Erving. *Frame Analysis*: an essay on the organization of experience. Boston: Northeastern University Press, 1986. 586 p.

MEAD, Georg. *Espíritu, Persona y Sociedad*: desde el punto de vista del conductismo social. Trad. Charlos W. Morris. Cidade do México: Paidós, 1993. 403 p. (Original inglês).

NASCIMENTO, Milton; VELOSO, Caetano. A Terceira Margem do Rio. *Circuladô,* Faixa 9, n. 64398471. Polygram, 1991. 1 CD.

PARKER, Richard. *Corpos, Prazeres e Paixões*: a cultura sexual no Brasil contemporâneo. Trad.Maria Therezinha M. Cavallari. São Paulo: Editora Best Seller: Editora Nova Cultural, 1991, 295p. (Original Inglês).

POLLARD, Andrew. *The Social World of the Primary School.* London: Cassell Educational Ltd, 1985. 269 p.

ROSA, João Guimarães. A terceira margem do rio. In: *Primeiras estórias.* Rio de Janeiro: Nova Fronteira, 1988. p. 32-37.

SAVIANI, Demerval. *Escola e democracia*: teorias da educação, curvatura da vara, onze teses sobre educação e política. São Paulo: Cortez; Autores Associados, 1983. 103 p.

SIMMEL, Georg. *Sociología I*: estudios sobre las formas de socialización. Madrid: Alianza Editorial, 1986a. p. 1-424. (Original alemão).

SIMMEL, Georg. *Sociología II*: estudios sobre las formas de socialización. Madrid: Alianza Editorial, 1986b. p. 425-808. (Original alemão).

TOURAINE, Alain. *O Retorno do Actor.* Trad. Armando Pereira da Silva. Lisboa: Instituto Piaget, 1996. 232p. (Original francês).

WOODS, Peter. The Myth of Subject Choise. In: HARGREAVES, Andy; WOODS, Peter (Org.). *Life in School*: the sociology of pupil culture. Stony Stratford: Open University Press, 1984. p. 45-60.

A Escola Plural e a seriação: a tradição pedagógica em questão

LUCIANO MENDES DE FARIA FILHO

Introdução

Nas décadas finais do século XX, a discussão acerca da forma de organizar o trabalho pedagógico na escola deixou as salas de aula e o interior das instituições educativas para invadir, por diversos meios, a cena social, a vida da famílias e, porque não, as discussões dos especialistas nas universidades, centros de pesquisa e formação de professores: a questão organização escolar por meio da seriação ou dos ciclos.

Discussão das mais salutares, tanto por trazer as discussões da escola para fora dos círculos especificamente pedagógicos quanto por incidir sobre aspectos dos mais centrais na organização da escola moderna, esta reflexão implica, como temos visto, uma pluralidade de fatores de ordem pedagógica, histórica, cultural, aos quais, nem sempre, se dá a devida atenção. Um destes fatores refere-se à gênese histórica da escola seriada entre nós e, com ela, a questão da formação do professor.

Naquela ocasião não se discutia, tanto no plano das reformas quanto dos estudos que lhes sustentam e/ou criticam, sobre a história do modelo seriado que a organização por ciclos propõe-se a superar. Qual é a história da seriação? Quando e para que foi instituída? Neste mesmo movimento, parte-se, muitos vezes, de uma visão naturalizante do professor e de seu trabalho, dando a entender que o professorado já nasceu sabendo trabalhar no sistema seriado. Não se pergunta, por exemplo, como o professor trabalhava antes da seriação. Ele, o professor, aprendeu logo a trabalhar com a seriação ou, ao contrário, houve também, um tempo relativamente largo para que aprendesse a lidar com este novo modo de organizar a escola e a prática pedagógica?

A organização seriada do ensino, elemento central na escola moderna e estratégia fundamental para a expansão da escolarização, implica necessariamente a ideia de curso – percurso, definido de antemão, a ser seguido pelo aluno –, possibilita o surgimento da avaliação de final de ano e da repetência e do aumento da evasão. Mas também significou o parcelamento e a especialização do trabalho docente, com implicações diretas sobre sua formação.

Desde pelos menos o início do século XVIII, sobretudo na França, buscava-se um modo de organizar o ensino na escola primária que fosse mais eficiente do que aquele que era mais comum à época: o chamado sistema ou método individual de ensino. Àquela altura, os irmãos lassalistas, por exemplo, mantenedores de classes primárias para crianças pobres, vendo que o ensino individual, em que os professores ensinavam a cada aluno individualmente, era muito pouco eficiente, buscavam alternativas de ensino para classes ou grupos de alunos.

No entanto, foi apenas na passagem do século XVIII para o XIX, com a organização do chamado método mútuo[1] e com a intensa propaganda, na imprensa de vários continentes, sobre as vantagens deste sobre o método individual de ensino – racionalização do emprego do tempo escolar, economia de dinheiro e facilidade de imposição da disciplina –, que o ensino a grupos de alunos se estabeleceu definitivamente como uma alternativa pedagógica no repertório dos reformadores da escola primária.

O fato, no entanto, de as estratégias de ensino para grupos estarem disponíveis não quer dizer que elas tenham sido mobilizadas pelos professores ou mesmo pelos pensadores da educação. Assim, no Brasil e em boa parte do mundo, ao longo do século XIX, os professores mobilizaram alternativa ou simultaneamente "métodos" de ensino que permitiam (ou supunham) o ensino a um aluno individualmente ou a um grupo de alunos, sendo bastante comum a organização de "métodos" mistos, articulando as vantagens de cada uma das alternativas disponíveis no já amplo repertório pedagógico da época.

Assim, quando, no final do século XIX, intensificam-se as críticas à organização do ensino na escola primária no Brasil, já há um longo tempo que o debate está na pauta, assim como há um longo tempo que as alternativas estão sendo

---

[1] Este "método", também chamado método monitorial ou lancasteriano, organizado e divulgado sobretudo pelo inglês Joseph Lancaster, baseava-se na utilização dos alunos mais adiantados da classe para servirem de monitores para os colegas.

testadas. Pode-se dizer, com risco de simplificação, que há quase dois séculos buscava-se um "método de ensino" que articulasse, a uma só tempo, a ciência moderna – racional, progressista, positiva – com as necessidades políticas e sociais de expansão da escolarização às classes trabalhadoras de todo o mundo.

É neste contexto que a seriação será produzida como a melhor forma, técnica e cientificamente falando, de organizar o ensino primário. Dialogando com as ciências e com o ideário pedagógico de seu tempo e apropriando-se dos materiais didáticos disponíveis e das experiências institucionais que eram contemporâneas – nas igrejas, nas fábrica, nos colégios etc. –, as propostas de organização da escola seriada no Brasil, como em boa parte do mundo, fizeram parte de um amplo processo de reinvenção da escola em direção de uma escola de massas.

No momento em que avaliamos os legados da Escola Plural, experiência que se propôs, em Belo Horizonte, a superar as limitações impostas pela organização seriada para a construção de uma escola pública de qualidade para todos, este texto quer, dentro de certos limites, chamar a atenção para a emergência da seriação em Minas Gerais e para o fato de que os professores, inicialmente, tiveram dificuldades em se adaptar à nova forma de organização do trabalho pedagógico, já que esta contrariava a sua prática anterior e as competências adquiridas, seja no processo de formação, seja ao longo de sua experiência docente.

Grupos escolares: afirmação de uma nova forma escolar

A introdução da seriação na escola mineira foi possibilitada pela construção dos grupos escolares a partir da Reforma João Pinheiro (1906) e atravessou de forma bastante estável todo o século XX. Até o início do século XX, o processo de criação e estabelecimento de uma escola isolada de instrução pública, ao que tudo indica, era bastante simples, apesar de trabalhoso. Bastava que um(a) professor(a) (titulado/a ou não) ou um grupo de moradores de determinada localidade, procedendo ao levantamento do número de crianças em idade escolar residente na região, e verificando número suficiente de meninos e meninas (45 para região urbana e 40 para meio rural, em 1906), solicitasse a criação de uma cadeira de instrução primária no local.

Uma vez reconhecida a necessidade da cadeira, a existência do número de crianças necessário à sua criação e somando-se a estes fatores a vontade política e/ou a pressão das famílias e do(a) professor(a) pela sua criação, estabelecia-se o vínculo entre a escola recém-criada, ou, em alguns casos, já existente, e o Estado.

Detectamos algumas vezes que o Estado, além de remunerar e fiscalizar o professorado, pagava o aluguel da propriedade escolar e remetia móveis e material didático para a escola. Isto não constituía, no entanto, regra comum. É que as autoridades republicanas consideravam que era necessário a população participar do esforço de educação de seus(suas) filhos(as), cedendo espaços e móveis para o funcionamento da escola. Algumas vezes, esta cobrança recaía não diretamente sobre a população, mas sobre a "municipalidade". Nem mesmo o material didático, cuja utilização era disciplinada e incentivada pelo Estado, era garantido.

Vinculado(a) à população por laços de solidariedade, por confiança e, muitas vezes, dela fazendo parte, o(a) professor(a) vincula-se, agora, também ao Estado, sendo proprietário(a) de uma cadeira de instrução pública. Em termos de organização, a cadeira materializava-se numa turma de alunos(as), geralmente de idade bastante variada. Essa turma, por sua vez, poderia ser subdividida em classes, de acordo com o adiantamento daqueles(as) que a frequentavam. O professor podia, então, dar aulas numa mesma turma, para classes diferentes.

Observe-se, no entanto, que não estamos falando de uma turma multisseriada, pois não havia a série, nem um curso a ser seguido. Os agrupamentos eram feitos pelos(as) professores(as), de acordo com sua sensibilidade, observação, conhecimentos, em suma, de acordo com sua competência para o ensino nesta situação. Tampouco existia a avaliação de final de ano, sendo os alunos transferidos de uma classe para outra dependendo de sua aprendizagem, observada pelo(a) professor(a), e poderia ocorrer a qualquer época do ano.

Neste contexto, a criação dos grupos escolares era defendida não apenas para "organizar" o ensino, mas, principalmente, como uma forma de "reinventar" a escola, objetivando tornar mais efetiva a sua contribuição aos projetos de homogeneização cultural e política da sociedade (e dos sujeitos sociais), pretendidos pelas elites mineiras. Reinventar a escola significava, entre outras coisas, organizar o ensino, suas metodologias e conteúdos; formar, controlar e fiscalizar o(a) professor(a); adequar espaços e tempos ao ensino; repensar a relação com as crianças, com as famílias e com a própria cidade.

A representação dos grupos escolares, construída tendo como uma de suas bases a produção das escolas isoladas como símbolo de um passado que deveria ser ultrapassado, quando não esquecido, busca moldar as práticas, os ritos, os símbolos escolares, produzindo e expressando, no mesmo movimento, uma nova identidade para os profissionais que se ocupam da instrução primária.

Nesta perspectiva, se as escolas isoladas eram tidas e/ou produzidas como locais muito pouco adequados à instrução, a afirmação da nova forma escolar deveria começar pela produção de um outro e apropriado lugar para a educação escolar. A defesa dos grupos escolares como o lugar de realização, no mundo da educação, da forma capitalista de conceber e organizar o trabalho – principalmente fabril – e a identificação do movimento que institui os grupos com o progresso, como a superação do atraso, aparecem em boa parte dos documentos da época.

Estavam na pauta do dia as discussões acerca não apenas da necessidade de formação de um novo trabalhador integralmente apto ao trabalho regido pelas regras capitalistas, mas também, e em certos momentos, fundamentalmente, recuperar o próprio conceito e valor do trabalho – principalmente manual. Educar e recuperar os trabalhadores por meio da organização e recuperação do trabalho, o qual teria sido aviltado pela mancha da escravidão, colocava-se como uma tarefa urgente para as elites mineiras e brasileiras.

Turma, classe e aula: a emergência da seriação

Até este momento, temos buscado demonstrar que o processo de racionalização da educação escolar teve implicações profundas na forma de organizar o trabalho do(a) professor(a), a partir da criação de novos espaços, de um maior controle sobre a utilização deste e dos tempos escolares, da sua fiscalização permanente e do alargamento paulatino de suas funções, entre outros fatores. Esse esforço racionalizador da escola, produzido e expresso pelas representações escolares, guarda estreita relação com o processo de racionalização do conjunto das relações sociais e envolveu a instituição escolar como um todo.

A marca desse esforço pode ser encontrada, a um só tempo, nas tentativas, nos sucessos e nos fracassos de se produzir uma homogeneização, uma uniformização e um maior controle das crianças, e na pretensão de estender esta racionalidade para o terreno da produção e da apropriação/aprendizagem dos conhecimentos escolarizados. É preciso perceber, também, que, se a nova ordem escolar desdobrava-se, no interior da sala de aula, numa busca por produzir a homogeneidade, a uniformidade, esta realiza-se também enquanto trabalho de classificação (por idade, gênero, "adiantamento", entre outros) e de controle, ou seja, de disciplinamento, dos(as) alunos(as) e demais sujeitos da educação.

É preciso considerar que, para os reformadores do ensino primário, para as diretoras, para os(as) professores(as) e para boa parte dos estudiosos da educação mineira ou participantes mesmo, naquele momento, da reorganização da escola mineira, a "pedra de toque", a grande inovação da reforma de 1906 era a possibilidade que os grupos escolares ofereciam para a divisão dos(as) alunos(as) em turmas, classes ou aulas, de tal forma que o(a) professor(a) pudesse ensinar a grupos de crianças que estivessem em um mesmo ano do curso, criando as condições para o estabelecimento do ensino seriado e simultâneo.

Essas mudanças, tanto naquilo que tiveram de significado para a educação escolar mineira quanto na sua complexidade, mobilizavam sobremaneira os profissionais e agentes da educação, obrigando-os a um esforço por entendê-las, aprendê-las e representá-las. É preciso, inicialmente, perceber que, apesar da nossa familiaridade atual com os termos classe, turma, aula, ano e outros, próprios ao nosso vocabulário pedagógico e escolar, o mesmo não ocorria naquele momento. Se as escolas isoladas, com suas turmas divididas em várias classes, já implicavam dificuldade para se identificar o que estava sendo nomeado por "escola", "cadeira", "turma", "classes" e "aulas", esta dificuldade viu-se multiplicada em muito quando foram reunidas várias "escolas" num mesmo "grupo escolar".

Podemos observar, a seguir, no relatório anual da diretora do 2º grupo escolar, aquela que talvez tenha sido, naquele momento, e mesmo posteriormente, a forma mais utilizada dos termos "turma", "classe" e "ano". Aqui, utiliza-se o termo "aula" como equivalente a "classe", indicando que profundas transformações estavam ocorrendo – ou estavam por ocorrer – no significado do termo "aula" até ele adquirir a conotação que tem hoje.

> Os alunos do 1º ano foram divididos em 3 turmas e estas subdivididas em 4 classes ou aulas.
>
> A 1º turma é formada de uma classe de principiantes de 6 e 7 anos, matriculados em julho [...], ocupa a 1º sala.
>
> A 2º turma é formada de 2 classes [...] ocupa a 2º sala e a outra [...] ocupa a 3º sala.
>
> A 3º turma forma 1 classe regida pela professora [...] e ocupa a 4º sala.
>
> [...] Os alunos do 3º ano adiantado e do 4º ano constituem uma classe com 2 divisões, contendo uma os alunos do 3º ano e outra os do 4º ano, ambos regidas pela professora [...] e ocupam a 6º sala. (Minas Gerais, 1910a)

Aqui, a "turma" parece identificar subdivisões produzidas entre os(as) alunos(as) de um mesmo ano (nível) do curso primário, e o termo classe designa um ou mais grupos de alunos(as) sob a regência de uma professora, denotando uma maior proximidade deste termo com as questões relacionadas ao ensino, pois é em função da necessidade de organizar grupos cada vez mais homogêneos que uma "classe" é constituída. Exemplos disso são as duas classes nas quais a 2ª turma do 1º ano é dividida. Observa-se, ainda, a existência de classes com alunos(as) de níveis diferentes do curso, o que obriga a uma subdivisão desta com o intuito de formar grupos mais homogêneos.

Já o relatório a seguir, escrito em 1910 por um inspetor, a respeito de um grupo escolar, reforça a ideia de que, mesmo nestes, pelo menos inicialmente, o ensino seriado não se implantou totalmente.

> Visitei no mesmo dia a 3º cadeira do sexo masculino, 2º ano; estive nesta sala durante duas horas. Esta aula é dirigida pela Exma. Sra. d. Ernestina de Moura Costa [...]. A aula está dividida em duas classes: atrasada e adiantada, tornando-se preciso que a docente ministre lições separadas a cada uma delas, o que exige maior soma de esforços. (Minas Gerais, 1910, s/p.)

Também o emprego do termo cadeira, se bem que bastante comum, não denotava um sentido único para o termo. A própria diretora do 2º grupo, anteriormente citada, relata, em 1912, que o "curso do 1º ano compõe-se de 4 cadeiras ou classes", dando aos termos conotações diferentes.

Se, conforme afirmamos, o termo "classe" era o que mais parecia identificar o esforço de homogeneização que se realizava, não passava despercebido nem deixava de causar incômodo o fato de uma mesma classe ser composta por alunos(as) de diferentes anos do curso, recolocando incessantemente a necessidade de reafirmar a direção que se queria imprimir às mudanças que vinham se operando.

Esta era também, a preocupação dos ocupantes da própria Secretaria do Interior que, conforme pudemos perceber, produziram recomendações como aquela que, em 1915, foi enviada, em ofício, ao diretor do Grupo Escolar de Passa Tempo dizendo que, "a propósito do vosso Relatório último, recomendo-vos a separação de classes; essa é a vantagem dos grupos escolares" (grifos meus).

A preocupação em constituir grupos mais uniformes está subjacente, também, na maioria dos reagrupamentos de alunos(as) efetuados no interior dos grupos escolares, influenciando, inclusive, nas promoções, conforme se pode perceber neste relato da diretora do 1º grupo em 1910:

> Havendo, porém, entre os recém matriculados grande número de analfabetos, formei uma classe de primeiro semestre com 73 alunos e promovi ao segundo semestre 88

crianças, ficando por esse modo mais ou menos uniforme as cinco classes de 1º ano. (Minas Gerais, 1910a, s/p)

Apesar do esforço realizado para produzir grupos mais homogêneos, mesmo nos grupos escolares, durante um certo tempo, as diretoras e professores(as) continuaram encontrando muitas dificuldades em alcançar este objetivo: ora era o número muito grande de alunos que justificava a formação de subgrupos; ora era o número limitado de alunos que impunha a reunião de alunos de diferentes níveis/anos sob a regência de um(a) mesmo(a) professor(a), principalmente em se tratando do 3º e do 4º anos. Tanto um como outro fato estão intimamente relacionados aos processos de seleção/promoção escolar e, neste sentido, com as práticas de avaliação da aprendizagem. Outras vezes, eram as limitações impostas pelas condições dos(as) próprios(as) alunos(as) ou a ação premeditada destes(as) que colocavam limites às formas operacionalizadas pela escola para classificar e distribuí-los(as), conforme afirma a diretora do G. E. Cesário Alvim, em 1914, referindo-se ao curso noturno que funcionava no estabelecimento:

> [...] pois a professora por muito que faça em uma classe de analfabetos, não conseguirá muito resultado, ensinando a 20 ou mais alunos, visto ter sido impossível empregar-se o ensino simultâneo, em vista das divergências de costumes dos patrões quanto a hora do jantar. Por esse motivo, o ensino tem se tornado quase individual.
>
> Acresce-se mais a circunstância de não ser possível a organização das classes por adiantamento, como nos grupos, porque tem-se dado o fato de alunas, de algum preparo, não revelarem o que sabem, só para não mudarem de professora.
>
> Elas se matriculam designando já a professora que preferem. (Minas Gerais, 1914a, s/p)

A existência e a necessidade de se ensinar aos diversos subgrupos trazia uma série de dificuldades, que eram agravadas ainda mais pela inexistência de material didático-pedagógico, pela ausência de livros "suficientes e iguais" para todos(as) os(as) alunos(as), conforme já demonstramos. Além de tudo isso, as dificuldades de organizar grupos mais homogêneos, em que cada professor(a) ficasse responsável por apenas uma "classe" composta de alunos(as) de um mesmo ano, parecia preocupar pelo fato de tornarem presentes os limites colocados, ao mesmo tempo, à materialização das inovações propostas e à distinção entre a prática pedagógica nos grupos escolares e a feita nas escolas isoladas.

Assim, nestas condições, apesar do esforço dos(as) professores(as), dos inspetores e das diretoras, a recomendação da Secretaria a estas últimas, em Circular de 22 de janeiro de 19012, de que "as classes devem ser formadas de alunos que tenham o mesmo grau de adiantamento, por isso que a uniformidade da classe é condição necessária ao progresso de todos os discípulos"(Minas Gerais, 1912c, s/p), encontrava ainda muita dificuldade de ser posta em prática nos grupos escolares, o que, ademais, é demonstrado pelo simples fato de a circular ter sido elaborada nestes termos.

Subjacente a isto está o objetivo de realizar o ensino a um número cada vez maior de alunos(as) de uma forma cada vez menos desgastante e em um período de tempo cada vez menor. Daí a preocupação, de todos os envolvidos diretamente com a sala de aula, com as questões disciplinares, com a participação dos(das) alunos(as), com a observação dos horários, no sentido de impedir ou diminuir a emergência de comportamentos prejudiciais à ordem escolar.

A nova cultura escolar que se afirma, supondo e produzindo uma ordem escolar mais racionalizada, implica uma mudança qualitativa na concepção do ato e da função de ensinar, demandando, cada vez mais, uma nova sensibilidade das professoras, de tal forma que podemos afirmar que está ocorrendo uma lenta, mas progressiva mudança, na ocupação ou no trabalho docente e, em consequência, das qualidades e das características requeridas aos profissionais da escola, particularmente do(a) professor(a). Podemos observar, ademais, uma preocupação com as características do ato de ensinar, com a busca de uma racionalidade e racionalização dos elementos internos a ele, tais como a observância do "horário, não só quanto ao desdobramento das disciplinas programáticas, como a distribuição dos exercícios às diferentes classes"(Minas Gerais, 1912c, s/p), de tal forma que a ordem e a disciplina não são concebidas como exteriores ao processo de ensino-aprendizagem, mas como algo inerente a ele.

Esta decomposição do ato de ensinar, em seus vários aspectos e momentos, produzida pelo olhar dos inspetores e nos textos deles, significa uma importante e definitiva realização destes profissionais, pois identificá-los e descrevê-los torna possível não apenas a sua utilização no cotidiano escolar de forma consciente, mas, fundamentalmente, o seu aprendizado pelos(as) professores(as) seja nas escolas normais, seja pela ação de inspeção e supervisão, como demonstra o trecho do relatório do inspetor Sebastião C. Rabello, 1916, citado a seguir:

> Tenho me esforçado para quando possível, qualquer trabalho no quadro negro seja acompanhado nas lousas ou mesmo no papel pelos alunos, uma das muitas medidas que tenho seguido para que todos estejam sempre ocupados. (Minas Gerais, 1916b, s/p).

Estratégias de ensino e estratégias de controle, mais uma vez, se identificam, demonstrando o intercâmbio entre estas modalidades do fazer pedagógico e mesmo entre os profissionais da escola, possibilitando, inclusive, como uma circular da Secretaria do Interior determinava, que "a ação conjugada da diretoria e docência empregar-se-á principalmente nos primeiros dias do ano em manter a disciplina nas classes" (Minas Gerais, 1912c, s/p)

Assim, se não é de todo verdadeira, pois por demais restritiva, é bastante elucidativa a observação de Chervel (1990, p. 195), de que "o único limite verdadeiro com o qual se depara a liberdade pedagógica do mestre é o grupo de alunos que ele encontra diante de si" e que "o 'trabalho' – no sentido forte – do mestre é o da tensão de um corpo a corpo com o grupo. O grupo em si mesmo, enquanto tal, constitui uma peça essencial do dispositivo disciplinar".

Conforme vimos, não foi fácil nem tranquilo para os(as) professores(as) belo-horizontinos(as) do início do século XX a atuação numa escola seriada. Acostumados(as) que estavam a trabalhar de outro modo, recorriam constantemente às práticas anteriores para dar conta das novas exigências que se lhes impunham.

Cumpre notar que, deste processo de redefinição e de complexificação da atividade docente, os(as) professoras e as diretoras tinham consciência, buscando desenvolver processos de autoformação que lhes capacitassem a melhor desenvolver o ensino e, ao mesmo tempo, ao que tudo indica, ficarem mais livres das interferências dos inspetores. Prova disso são os relatos acerca de reuniões de estudo, a busca de visitas pedagógicas e de outros mecanismos de formação. Nas palavras da diretora do 1º grupo, em 1910, a "formação em serviço", a aprendizagem dos "novos processos pedagógicos", significa tanto um "alívio do trabalho" para a professora, quanto algo que "facilita" a aprendizagem do(a) aluno(a):

> É grato confessar que com a maior dedicação vão elas, duas vezes por semana, depois das aulas, das 4 às 5 horas da tarde, aplicando-se no estudo dos novos processos pedagógicos que tanto aliviam o trabalho de mestra como facilitam ao aluno a aquisição dos conhecimentos pela ordem, quantidade e qualidade com que são por meio deles ministrados. (Minas Gerais, 1910a, s/p)

Em outra ocasião, esta mesma diretora relata o fato de que uma diretora de outro grupo escolar teria se prontificado a trabalhar como sua auxiliar se "assim pudesse alcançar o conhecimento não só de teoria mas, especialmente da prática dos métodos modernos americanos" (Minas Gerais, 1910a, s/p). Isto revela, além de uma busca de formação por parte das professoras, que a diretora do 1º grupo deve ter ocupado um importante papel na divulgação das inovações pedagógicas na Capital mineira, pois, conforme já revelamos, o 1º grupo era considerado modelo, recebendo inclusive atenção especial dos órgãos do Estado, e sendo bastante visitado.

Tal postura dos(as) professores(as) diante das mudanças que se lhe impunham, as quais questionavam com grande profundidade suas competências e identidades docentes, demonstram o quanto o professorado mineiro, sobretudo da Capital, esforçava-se por participar ativamente dos processos de inovação pedagógica que aqui aconteciam. Não incorporavam tais mudanças sem questionamento, tampouco resistiam inconsistentemente a elas, mas buscavam compreender e atuar num ambiente que, no mais das vezes, era-lhes bastante hostil e desconfortável. Nisso, iam reestruturando suas identidades e produzindo uma cultura profissional que, atravessando o século, ainda hoje nos alcança.

Referência

CHERVEL, A. História das disciplinas escolares: reflexões sobre um campo de pesquisa. *Teoria e Educação*, Porto Alegre, 2, p. 177-229, 1990.

FARIA FILHO, L. M. *Dos pardieiros aos palácios*. Passo Fundo: Universidade de Passo Fundo, 2000.

GONÇALVES, I. A. *Cultura escolar*: práticas e produção dos grupos escolares em Minas Gerais (1891-1918). Belo Horizonte: Autêntica, 2006.

MINAS GERAIS. Relatório das Diretoras de Grupos Escolares. 1907-1918a. Arquivo Público Mineiro.

MINAS GERAIS. Relatório de Inspetores de Ensino. 1900-1918b. Arquivo Público Mineiro.

Minas Gerais. Circular aos Diretores de Grupos Escolares, 1912c. Arquivo Público Mineiro.

MINAS GERAIS. Relatório de Inspetores de Ensino, 1914a. Arquivo Público Mineiro.

SOUZA, R. F. A organização pedagógica da escola primária no Brasil: do modo individual, mútuo, simultâneo e misto à escola graduada (1827-1893). In: GONÇALVES NETO, W.; MIGUEL, M. E. B; FERREIRA NETO, A. (Org.). *Práticas escolares e processos educativos*: currículo, disciplinas e instituições escolares (séculos XIX e XX). Vitória: EdUFES, 2011. p. 71-89.

VAGO, T. M. *Cultura escolar, cultivo de corpos*: educação physica e gymnastica como práticas constitutivas de corpos de crianças no ensino público primário de Belo Horizonte (1906-1920). Bragança Paulista (SO): Universidade São Francisco, 2002.

FAMÍLIAS POPULARES E ESCOLA PÚBLICA: UMA RELAÇÃO DISSONANTE[1]

MARIA ALICE NOGUEIRA
RAMÓN CORREA DE ABREU

No Brasil, ao menos no que tange ao Ensino Fundamental, as famílias pertencentes às camadas populares frequentam a escola pública, constituindo-se – dado o perfil socioeconômico da população – na maior parte de seus usuários.[2] Essa, por si só, já seria razão suficiente para se estudar as relações que mantêm entre si tais instâncias de socialização. Entretanto, as constantes e frequentes manifestações de tensão entre elas,[3] mais do que estimular, tornam urgente o aprimoramento e a diversificação da investigação sobre o tema, o qual – há que se reconhecer – está na agenda do pesquisador brasileiro.

[1] Os autores agradecem as críticas e sugestões feitas a este texto por Samira Zaidan e Cláudio M. M. Nogueira.

[2] Não há como negar que a noção de "camadas populares" pode receber conotações diversas segundo o tratamento metodológico ou a perspectiva teórica dos autores e, nesse sentido, merece ser objeto de discussão. Essa não é, porém, a finalidade do presente texto, para o qual a expressão designará simplesmente aquelas famílias que reúnem as seguintes características: baixo nível de escolaridade, ocupações de baixa qualificação e residência em locais considerados "populares" (favelas, conjuntos habitacionais etc.).

[18] Quer se pense no fenômeno da violência escolar, nas queixas usuais dos pais quanto ao funcionamento do sistema de ensino, ou na insatisfação frequentemente manifestada pelos profissionais da escola, em relação ao comportamento das famílias, o quadro geral é de pouca sintonia entre uns e outros.

Neste texto,[4] propomo-nos examinar as lógicas – bem como os elementos que lhes servem de fundamento – que estruturam os valores e as condutas de pais e mães de alunos originários dos meios populares face à escola e a escolarização dos filhos. Nesse sentido, faremos um relato dos principais resultados de pesquisas internacionais recentes e importantes sobre a questão para, à luz desse referencial, examinar dados provenientes da pesquisa para dissertação de mestrado que investigou as reações que famílias populares vêm apresentando em relação às mudanças ocorridas nos estabelecimentos da rede escolar municipal de Belo Horizonte a partir da implantação do Programa Escola Plural, em 1995.[5]

O Programa Escola Plural

O Programa Escola Plural constitui-se em uma proposta político-pedagógica que tem, segundo seus idealizadores, o objetivo de intervir na estrutura da escola, no sentido de alterar a lógica de seu funcionamento, considerada responsável pela "exclusão e os altos índices de fracasso de mais da metade das crianças e adolescentes e até jovens e adultos dos setores populares" (BELO HORIZONTE, 1994, p. 5). A intenção é, então, tornar a escola

> Capaz de assegurar a inclusão de todos os setores da nossa sociedade, particularmente daqueles tradicionalmente excluídos e marginalizados, garantindo-lhes não apenas o acesso à educação formal, mas sobretudo a possibilidade de participar da construção de novos conhecimentos e da apreensão dos conhecimentos produzidos ao longo da história da humanidade. (CASTRO; BAPTISTA, 1999, p. 5)

Em decorrência disso, na concepção do Programa, a escola não deve ser pensada apenas como um tempo-espaço de preparação para outros tempos, ou seja, o tempo de preparação para o trabalho futuro, para a cidadania futura, para a vida adulta. A infância, a pré-adolescência e a adolescência são consideradas idades de formação e de vivências de direitos plenos. Consequentemente, de-

---

4 Este artigo foi publicado pela primeira vez na *Educação em Revista*, Belo Horizonte, v. 39, p. 41-60, jul. 2004 – FaE/UFMG. Foram feitos pequenos ajustes de formatação para padronização em relação aos demais textos do livro. Não foi incluído o resumo da publicação original. Agradecemos à *Educação em Revista* pela gentileza e autorização para publicar este artigo no presente livro (Os organizadores).

5 Ver *Famílias de camadas populares e Programa Escola Plural*: as lógicas de uma relação, dissertação defendida por Ramón Correa de Abreu, em 20 de novembro de 2002, no Programa de Pós-Graduação da Faculdade de Educação/UFMG, sob a orientação de Maria Alice Nogueira.

fende-se que a organização do trabalho, do tempo e dos espaços escolares sejam repensados no sentido de permitir uma experiência a mais plena possível dessas idades de formação, sem o sacrifício de autoimagens, identidades, ritmos, culturas, linguagens, representações etc.

Trata-se de construir uma escola sintonizada com a pluralidade das experiências e necessidades culturais dos educandos; uma escola que resgata sua condição de tempo-espaço de socialização e de individualização, de cultura e construção de identidades diversas (CASTRO, 2000, p. 31).

Nesse sentido, surgem como componentes fundamentais da reestruturação escolar proposta pelo Programa Escola Plural:

1. Uma proposta de relação com o conhecimento que questione a centralidade que a transmissão de conteúdos ocupa no sistema de ensino tradicional e procure redefinir os conceitos de aprender e ensinar:

> Aprender [não é] um simples ato de memorização ou de acúmulo de informações. E ensinar não significa mais repassar conteúdos prontos. [...][...] Aprende-se participando, vivenciando sentimentos, tomando atitudes diante de fatos, escolhendo procedimentos para atingir determinados objetivos. Ensina-se não só pelas respostas dadas, mas principalmente pelas experiências proporcionadas, pelos problemas criados, pela ação desencadeada. (BELO HORIZONTE, 1999, p. 17)

Assim, a Escola Plural valoriza as disciplinas que usam procedimentos para o domínio de destrezas de motricidade, de manipulação, de movimento, de ação e de produção, da grande importância às atividades socializadoras e propõe a incorporação de temas contemporâneos, como diversidade cultural, sexualidade e meio ambiente, entre outros, nos conteúdos escolares. Atividades como debates e assembleias para definição de normas e regras ganham destaque, assim como o papel das artes, da corporeidade, das línguas e culturas estrangeiras, das atividades culturais e extraclasse, como excursões, passeios, trabalhos de campo, pesquisas realizadas na comunidade etc.

2. A reorganização dos tempos escolares, realizada em função do entendimento de que a lógica do sistema escolar tradicional, na qual o tempo instituído foi se cristalizando em calendários, níveis, séries, semestres, bimestres seria responsável por muitos dos problemas crônicos da educação escolar, entre os quais a exclusão dos alunos oriundos das camadas populares.

> Os altos e persistentes índices de reprovação e repetência não são algo acidental a essa lógica temporal precedente, acumulativa dicotômica que exige para todos os mesmos ritmos, médias e domínios simultâneos e em tempos parcelados e curtos.

> Essa lógica é em si mesma excludente e seletiva por ignorar as diferenças socioculturais. É uma lógica perversa para os setores populares. Ela inviabiliza seu direito à educação. (BELO HORIZONTE, 1994, p. 11)

Em substituição à seriação, adotou-se o "ciclo de idade de formação", que

> É concedido como tempo próprio do desenvolvimento/aprendizagem das crianças e dos jovens. Um tempo com certas características físicas, sociais, culturais que fazem parte do desenvolvimento do educando e que devem ser melhor articuladas no tempos de escolarização. (ZAIDAN, 1999, p. 54)

Assim, o Ensino Fundamental foi reestruturado na forma de um período de nove anos contínuos, subdividido em três ciclos de idade de formação menores, de três anos cada: o 1º ciclo, que inclui crianças de 6, 7 e 8/9 anos de idade, correspondendo ao ciclo da infância; o 2º ciclo, que inclui crianças de 9, 10 e 11/12 anos, correspondendo ao ciclo da pré-adolescência; e o 3º ciclo, que inclui as idades de 12, 13 e 14/15 anos, correspondendo ao ciclo da adolescência.

3. A não existência de reprovação dos alunos, mecanismo adotado como consequência da intenção de se romper com a cultura escolar então existente, caracterizada como seletiva e excludente. A avaliação, na Escola Plural, é concebida como processo formativo e contínuo, que não deve ter a função de classificar, excluir, aprovar ou reprovar, em contraposição à avaliação que é feita por meio de provas em um momento estanque do processo, em que

> É a quantidade de pontos na prova, e não o processo vivido, que determina o resultado do aluno, ou seja, seu resultado é o sinônimo dos pontos que tira nas provas. Estas, por sua vez, devem ser "neutras", "objetivas", praticamente descontextualizadas do processo para se tornarem "dignas de credibilidade". Há, assim, uma visão reduzida e equivocada do processo de avaliação. O que predomina é um modelo quantitativo, centrado no aluno. Daí o fato dos resultados negativos, com uma alta taxa de reprovação, não repercutirem num processo de reflexão de todo o projeto escolar: a nota, nessa visão, reflete apenas o desempenho cognitivo do aluno e revela um problema que se concentra nele e não no processo educativo. (BELO HORIZONTE, 1994, p. 27)

Na perspectiva adotada pela Escola Plural, não é apenas o aluno e seu desempenho cognitivo que devem ser alvo da avaliação. Esta deve ter como objetivo diagnosticar os avanços e entraves do projeto político-pedagógico do estabelecimento, em suas múltiplas dimensões, detectar suas causas e as ações mais adequadas para seu redimensionamento e sua continuidade. Avalia-se, portanto, para identificar os problemas e avanços e redimensionar a ação educativa como um todo.

Como forma de romper com o modelo de escola até então existente, considerado seletivo e excludente, o Programa previa, originalmente, que a retenção de alunos só poderia acontecer no final de cada ciclo, em caráter excepcional, o que foi assim formulado:

> A nova organização dos tempos e do trabalho pressupõe que o aluno continue com o mesmo grupo de idade, sem rupturas ou repetências. Ao final de cada Ciclo de Formação, pode acontecer que um aluno não consiga o desenvolvimento equilibrado em todas as dimensões da formação apropriada ao Ciclo de idade. Essa situação levará à conveniência ou não de sua permanência nesse Ciclo durante mais um ano, ou de prosseguir com seus pares para o ciclo seguinte. A permanência de alunos no ciclo de idade, por mais um ano, deverá considerar-se como excepcional e, de modo algum como prática escolar habitual, como acontece atualmente na passagem de série. [6] (BELO HORIZONTE, 1994, p. 13, 14)

Os elementos elencados não esgotam todos os pontos que, reunidos, compõem o Programa Escola Plural. Eles foram selecionados por serem aqueles que – segundo revelaram os dados – as famílias interrogadas reconhecem, via de regra, como sendo os responsáveis pelas mudanças introduzidas nos estabelecimentos de ensino da Rede Municipal de Educação de Belo Horizonte, a partir de sua implementação.

As famílias populares pesquisadas

Analisar os diferentes posicionamentos e comportamentos de famílias de camadas populares diante dos dispositivos e iniciativas da Escola Plural implicou selecionar, para estudo, a clientela de estabelecimentos que atendem a esse grupo social e que estão, efetivamente, implantando o Programa. Foram selecionados, então, dois estabelecimentos de ensino enquadrados nesse perfil que serviram de base para este estudo.[7]

---

[6] Posteriormente, em outubro de 1997, a Secretaria Municipal de Educação decidiu-se pela abolição de qualquer tipo de retenção, reagindo à manutenção dessa prática por boa parte das escolas.

[7] A identificação das escolas baseou-se em Dalben (2000), estudo a partir do qual foram selecionados os dois estabelecimentos considerados avançados na implementação do Projeto Escola Plural, quando postos em relação aos demais estabelecimentos escolares da Rede Municipal de Ensino de Belo Horizonte. Os dados obtidos na presente pesquisa revelaram, entretanto, que mesmo nestes a concretização das mudanças preconizadas pela Escola Plural constitui-se processo complexo, incompleto e contraditório.

O principal instrumento de coleta de dados foi a entrevista de tipo semiestruturado, realizada com familiares dos alunos.[8] Com exceção de apenas uma, elas aconteceram no local de moradia das famílias.[9] O universo pesquisado constituiu-se de 30 famílias (15 de cada estabelecimento selecionado) que tinham pelo menos um filho cursando o 1º ou 2º ciclo de formação, no ano 2000.[10]

Em 28 das 30 famílias interrogadas, pelo menos um dos genitores é migrante. Destes, 72% são oriundos do meio rural. Todas elas vivem no mesmo local há pelo menos 13 anos e, com exceção de quatro, residem em favelas próximas ao estabelecimento de ensino frequentado pelos educandos. E são numerosas: em média, 3,4 filhos por família.[11] Entre elas, 14 são monoparentais, 13 das quais chefiadas por mulheres.

O nível de instrução dos genitores é baixo, sendo que os analfabetos somam 15,2% do total. A maioria (52,2%) cursou, no máximo, até a 4ª série da antiga escola primária, e a maior escolaridade encontrada entre os 32,6% que a ultrapassaram corresponde à 7ª série do atual Ensino Fundamental.

Quanto à ocupação, trata-se de trabalho manual pouco qualificado. Dos pais, 76,4% exercem ocupações manuais não qualificadas, a maioria ligada à indústria da construção civil (pedreiro, carpinteiro, pintor etc.). Entre as mães que decidiram trabalhar fora (76,5%), a maioria exerce função de faxineira ou de empregada doméstica. As mães que afirmaram não trabalhar fora (23,5%) revelaram, por sua vez, aceitar trabalhos que podem realizar em casa, como lavar

---

[8] A própria dinâmica da pesquisa impôs a necessidade de, além das entrevistas, se coletarem também dados secundários sobre a situação escolar das crianças, as rotinas e o trabalho pedagógico da escola, bem como uma investigação sumária sobre os bairros onde se situam as escolas e moram as famílias.

[9] A maioria das entrevistas contou com a participação das crianças, de parentes e vizinhos e, quase sempre, aconteceu em meio às brincadeiras das crianças e as tarefas domésticas, com a televisão ligada, sendo interrompidas, em muitos momentos, pelo entra-e-sai de parentes e vizinhos ou pelas brigas das crianças por exemplo.

[10] A decisão de escolher famílias cujos filhos estivessem cursando o 1º ou o 2º ciclos deve-se ao fato do Programa Escola Plural estar implantado de forma mais completa nesses dois ciclos de formação, "(...) mas também ao fato de que as famílias populares tandem a acompanhar mais de perto o início da escolaridade dos filhos do que suas etapas posteriores, em razão sobretudo de sua menor qualificação cultural."(DALBEN, 2000).

[11] As famílias investigadas podem ser caracterizadas como numerosas, com base nos dados do Censo 2000 divulgados pelo Instituto Brasileiro de Geografia e Estatística (IBGE), que revelam tendência decrescente, em todos os meios sociais, do número médio de filhos por mulher no Brasil que, em 1999, era de 2,3.

ou passar roupas para fora, cuidar das crianças da vizinhança ou vender picolés preparados em casa, por exemplo.

Com os genitores apresentando ocupacionais mal remuneradas e exercidas em empregos instáveis, a renda familiar mensal é incerta e reduzida.[12] Essa incerteza faz com que muitos deles, além da ocupação principal – aquela que assegura a maior parte da renda mensal –, exerçam outras, como forma de garantir o sustento da família. Um deles, por exemplo, declarou:

> Eu também sou detetive particular, segurança, vendedor, dou aula de capoeira... Eu tenho várias opções pra trazer o pão aqui pra dentro de casa. (Pai, vigia, quatro filhos)

A precariedade econômica e a experiência de instabilidade e incerteza em relação às possibilidades de melhoria das condições de vida são, pois, elementos definidores do perfil das famílias investigadas.

Estudos sociológicos recentes sobre a relação famílias populares/escola

Estudos sociológicos mais recentes, realizados a partir da década de 1980, têm focalizado sua atenção na natureza e nas implicações da relação que as famílias populares estabelecem com a instituição escolar e com a vida escolar de seus filhos.[13] Embora se diferenciando quanto a algumas características secundárias (objetivos parciais, certas particularidades metodológicas), esses trabalhos convergem ao apontar para a existência de uma lógica dominante que rege essa relação ou, em outros termos, de uma "matriz geral do ponto de vista popular sabre a escola" (QUEIROZ, 1995, p. 75), o que não significa a inexistência, no seio de certo número de famílias, de outras formas de se relacionar com o universo escolar. Concordam, portanto, seus atores, na afirmação de que há características

---

[12] Entre as famílias pesquisadas, seis são assistidas pelo Programa Bolsa Escola (PEBE), que foi criado, em Belo Horizonte, pela Lei Municipal nº 7.135, de 5 de julho de 1996 e regulamentado pelo Decreto nº 9.140, de 12 de março de 1997. Ele destina 3% das despesas correntes do município para o pagamento mensal de 131,97 UJFIRs a famílias cuja renda mensal per capita seja igual ou inferior a 65,64 UFIRs e nas quais haja menores de 14 anos em situação de risco matriculados em escola pública ou centros infantis conveniados com a prefeitura.

[13] Tais estudos – convém lembrar – surgem no bojo de um movimento de reorientação da Sociologia da Educação em direção às pequenas unidades de análise (estabelecimento escolar, sala de aula, currículo, família), deslanchado fundamentalmente a partir da década de 1980. Sobre essa questão, ver Forquin (1995) e Nogueira (1991, 1999).

típicas que configuram um "modo popular de socialização", nas palavras de um deles (THIN, 1998), ou um "modelo educativo familiar", na expressão de outro (QUEIROZ, 1981).

Consideram ainda que essa lógica dominante constitui-se a partir de certo número de esquemas de apreensão da realidade e de categorias de apreciação que formam um fundo ou repertório comum popular. É deste último que passaremos a tratar, com base em resultados gerais obtidos em alguns estudos sociológicos selecionados, aqui, em função de sua relevância para a área.

O primeiro e mais antigo deles é uma tese de doutorado defendida na Universidade de Paris VIII, no início dos anos 1980, por Jean-Manuel de Queiroz (1981).[14] Por meio de entrevistas com pais, o autor captou e analisou o discurso de 31 famílias pertencentes ao proletariado urbano da cidade de Rennes, na Franca, e moradoras de um conjunto habitacional.

O segundo trabalho também é fruto de tese de doutorado, defendida par Daniel Thin, em 1994, na Universidade de Lyon II e publicada, posteriormente, sob a forma de livro (THIN, 1998), o autor partiu de cinco escolas primárias localizadas em dois bairros populares do subúrbio da cidade de Lyon, na Franca, habitados essencialmente por operários franceses e trabalhadores braçais imigrantes. Ampliando o campo de observação e os materiais de análise em relação à pesquisa de Queiroz, Thin acrescentou a um *corpus* de entrevistas com 58 famílias uma série de entrevistas com professores e outros profissionais das escolas e com assistentes sociais. Baseou-se ainda na observação direta de reuniões pedagógicas e de momentos de interação entre pais e mestres ou assistentes sociais, ao lado de um contato prolongado com a comunidade.

Por fim, o terceiro estudo, de autoria de Bernard Lahire (1997), o único publicado no Brasil, tem por objeto a compreensão da diversidade interna ao meio popular, responsável pelas variações no desempenho escolar verificadas entre crianças com essa mesma origem social. Seu objetivo é guiado pelo desejo de elucidar as situações de sucesso escolar, consideradas como atípicas, quando se toma como referência o modelo das regularidades sociais fundado nas probabilidades/improbabilidades estatísticas. Para isso, o autor cruzou dados provenientes de fontes variadas: entrevistas com 26 famílias populares, entrevistas feitas com as próprias crianças, com os professores, com administradores escolares, além de material documental proveniente das escolas. Sua estratégia expositiva

[14] Faremos uso também de um livro mais recente do mesmo autor (QUEIROZ, 1995), em que o assunto é tratado, no terceiro capítulo, sob o título "Compreender as famílias populares".

consistiu em apresentar o trabalho na forma de retratos de família, esboçando 26 configurações sociais singulares que combinam, num jogo de interdependências, alguns traços do estilo de vida das famílias, definidos *a priori* pelo autor.

Ao passo que os dois primeiros autores procuram acentuar as características comuns, as recorrências que acabam por compor uma lógica específica desses grupos em suas relações com o mundo escolar, o trabalho de Lahire se empenha em revelar as diferenças "secundárias" entre as famílias, bem como as variações presentes no interior de cada uma delas.

As famílias pesquisadas e suas relações com a escola e a escolaridade dos filhos

Entre esses estudiosos, duas constatações obtêm unanimidade. A primeira delas diz respeito à importância que as famílias populares atribuem à escolarização da prole, desmentindo, assim, o discurso do senso comum ou até mesmo de alguns profissionais da escola que representa esse grupo social como desinteressado nos estudos dos filhos:

> Contrariamente aos discursos frequentes sobre a falta de interesse pela escola ou sobre a ausência de ambições escolares das famílias populares, nossa pesquisa, ao lado de outras, mostra com nitidez que existem, hoje, nessas famílias, fortes expectativas que passam pela escolarização das crianças.[15] (THIN, 1998, p. 129)

Isso é corroborado por B. Lahire, nos seguintes termos: "O tema da omissão parental é um mito. [...] Nosso estudo revela claramente a profunda injustiça interpretativa que se comete quando se evoca uma 'omissão' ou uma 'negligência' dos pais" (LAHIRE, 1997, p. 334).

Os dados obtidos junto às famílias belo-horizontinas confirmam boa parte dessas descobertas sociológicas. Eles fornecem, em particular, evidências empíricas múltiplas e variadas de que as famílias populares atribuem grande importância à escolaridade dos filhos. Constituem manifestações desse fato:

a) os esforços de boa parte dos pais para acompanhar, na medida de suas possibilidades e segundo sua própria lógica, o cotidiano escolar dos filhos:

> Porque eu vou muito na reunião... e vou dentro das classe. Porque quem dera se todas as mães fizessem o que eu faço, fosse lá na classe e perguntasse como é que anda meu

[15] Todas as traduções de excertos de obras não publicadas em língua portuguesa presentes neste texto são de nossa responsabilidade.

filho aí na escola? O que ele faz? Ele responde vocês? Ele faz alguma malquerença aí? [...] Eu acho muito importante a gente participar das reunião... explicar como é o aluno em casa e na escola. (Mãe, faxineira, um filho)

Às vezes, eu mando ela [referindo-se à filha] fazer um mandado pra mim. Eu falo: ocê que vai escrever pra mim. Um arroz, uma lata de óleo, essas coisa assim. Ela escreve direitinho. Outra hora, eu vou escrever alguma coisa, se tiver errado, ela [fala]: mãe, tá errado! [rindo] Ô meu Deus! Ela fala que tá errado [rindo]. Aí eu falo: ainda bem que cê tá aprendendo, né? (Mãe, dona-de-casa, três filhos)

Eu olho... assim... o caderno deles, né? Igual... avalio muito... igual final de ano. Eles mandam aquela folhinha explicando as dificuldades, né? Que que eles são bão, em que não é... Aí, eu guardo. Eu tenho uma sacola ali cheinha. Do ano atrasado, retrasado... então, eu vou avaliando do retrasado com o do ano passado... Igual... eu, às vezes, eu pego, né? Quando eu tenho um tempinho, assim... eu pego. Eu vou lendo no que que eles melhorou, né? (Mãe, dona-de-casa, sete filhos)

b) o sacrifício para a compra de material escolar (enciclopédias, dicionários etc.):

[Eles] têm todo conforto, têm tudo. A gente não deixa faltar nada. A gente é pobre, mas procura arrumar um livro emprestado, compra no crediário, um caderno no crediário e tudo. É assim. [...] tudo que pobre tem é no crediário. (Mãe, copeira, quatro filhos)

c) a mobilização de terceiros (parentes, vizinhos, conhecidos) para empréstimos de material, explicações, ajuda em deveres e trabalhos:

Quando ela [referindo-se filha] tem pesquisa, aí eu chamo a família toda pra ajudar. O ano passado mesmo, ela fez uma pesquisa sobre AIDS, a síndrome da AIDS [...] Se tem alguma pra fazer em casa e tá difícil eu chamo meu irmão. Peço ajuda mesmo! [rindo] Os vizinhos, a filha da vizinha tava formando para ser enfermeira... Eu pedi o livro dela, ela emprestou. [...] Tudo o que posso fazer pra eles ir bem na escola eu faço. (Mãe, vendedora, dois filhos)

d) as punições em caso de resultados escolares negativos:

A varinha. Tem uma varinha ali, sabe? Esse aí [apontando para um dos filhos] ontem mesmo eu dei umas varada nele. (Mãe, dona-de-casa, três filhos)

Sobre este último ponto, Lahire (1997) observa:

E o que dizer dos pais ou mães que batem nos filhos quando os resultados são ruins ou quando as cadernetas mostram que brincaram em aula? [...]. Tais fatos provam que os pais não são indiferentes aos comportamentos e aos desempenhos escolares: para bater nos filhos, é também necessário julgar que isso vale a pena e conferir à escola um mínimo de importância e de valor. (p. 334-335)

Portanto, para os analistas, há, indiscutivelmente, mobilização por parte desses pais,[16] na base da qual se enraíza a crença de que, nos dias de hoje, a certificação escolar tornou-se indispensável para o destino profissional do indivíduo:

> Os antigo vivia sem estudo. Mas os menino de hoje, se não estudar vai virar tudo mendigo. A gente não. A gente, sem estudo, a gente conseguiu sobreviver, conseguiu construir a nossa casinha, tá criando os menino... com dificuldade, né? Às vezes, tem dinheiro pra comer; mas tem o dinheiro. Mas se eles não estudar, vai virar mendigo. (Mãe, empregada doméstica, três filhos)

> Eu já bati em tantas porta... já fiz tantas inscrição... aí, quando chega, tem a vaga, mas aí, quando eles vão fazer a entrevista, eles olha pra cara da gente... eles fala com a gente assim: ah, você não serve porque não sabe lê, não é? Então, é muita dificuldade pra arrumar emprego se não sabe lê. Por isso é que eu falo com eles: É a maior tristeza. Estuda, porque é a única coisa que você tem pra fazer na vida. É estudar, não é? Porque é difícil demais. Eu sempre falo com eles: vai chegar uma época em que não vou conseguir emprego nem em casa de família, porque muita casa de família por aí não emprega as pessoa que não sabe lê. Eles falam pra gente assim: pra que eu quero uma empregada que não sabe lê? Se uma pessoa telefona, a pessoa não sabe anotar um recado. [...] Ah, eu sempre falo com eles que é pra estudar até onde eles verem que tem uma coisa pra estudar, né? Porque é difícil demais arrumar emprego sem um diploma do segundo grau. (Mãe, empregada doméstica, cinco filhos)

Os estudos sociológicos revelam ainda que as esperanças depositadas, pelos pais, na escola referem-se menos a uma expectativa de elevada ascensão social e mais a um desejo de que os filhos consigam escapar da dura realidade que eles conhecem, feita de instabilidade, incertezas, precariedade econômica.

> Meu marido, ele fala comigo que a preocupação dele é ver esses menino na escola. [...] Igual... se parar de estudar, vai piorar tudo, porque quer arrumar uma profissão, não arruma. Profissão boa, né? Ele tem mania de falar: óia, cês estuda porque se oceis não estudar, cês vão ser igual eu, trabalhar de pedreiro, nas casa dos outros. [...] Não é que a pessoa [referindo-se ao marido] tem discriminação com a profissão, né? Mas é igual ele fala: eu quero que ocêis tem profissão boa, porque às vez trabalho em sol, em chuva. Sofre muito esse tipo de profissão. Então, cês estuda, procêis ter profissão boa. (Mãe, dona-de-casa, sete filhos)

> Se eu não der conta de formar esse povo, como é que vai ser futuramente? Emprego, né? [...] O pai [que trabalha em um estacionamento]... fica lá: lavando carro, esperando carro, manobrando carro... Então, eu penso muito como é que eu vou fazer pra

---

[16] Porém, é bom lembrar que nem sempre seus modos de atuação em favor da escolaridade da prole coincidem com os comportamentos e atitudes que os professores esperam e demandam deles, o que os torna, muitas vezes, alvo de duros ataques por parte dos educadores.

formar esses meninos, porque a cada vez vai piorar, né? Daqui uns 6, 7 anos... como eles vão viver? Então, eu preciso deles estudando, pra ter uma folga, uma vida melhor do que a minha. (Mãe, copeira, seis filhos)

Assim, a expressão "melhorar de vida" que utilizam, comumente para falar da função que conferem à escola, expressa, principalmente, o desejo de que os filhos possam ter um trabalho menos sujo, penso, mal remunerado e desvalorizante do que aquele que exercem.

Os depoimentos obtidos convergem para as conclusões de autores como Queiroz (1981, 1995), Léger e Tripier (1987) e Thin (1998), entre outros, que afirmam que as famílias populares apresentam uma concepção instrumental da escola: ela deve possibilitar a obtenção, pelos filhos, de um trabalho mais valorizado do que o exercido pelos pais e, consequentemente, de uma vida melhor do que a que vivem. Usando as palavras de Thin (1998), o sentido da escolarização dos filhos para as famílias investigadas "reside nas possibilidades sociais que ela gera e na promessa que ela carrega, seja em termos de perspectivas profissionais ou em termos de saberes que permitem ao indivíduo 'se virar' na vida cotidiana" (p. 161).

Mas se a função de garantir os saberes e a certificação imprescindíveis à conquista de um bom emprego e para escapar das condições mais precárias de vida e da desqualificação social é preponderante no discurso das famílias pesquisadas, ela não é, entretanto, a única atribuída à escola. A luta cotidiana pela sobrevivência do grupo familiar, o pouco tempo que podem dedicar à educação dos filhos, a possibilidade de eles se desviarem das condutas moralmente lícitas, as dificuldades de ordem cultural que enfrentam no acompanhamento da escolaridade dos filhos, entre outros motivos, fazem ampliar as expectativas dos membros dessas famílias em relação ao papel da escola na educação dos filhos. Assim, também imputam à escola outras funções, como a guarda e a proteção, a socialização e a formação dos filhos.

> Porque lá [referindo-se à escola frequentada pelos filhos] eu sei; eles foram pra escola, eles vão ficar dentro da escola. [...] Eu sei a hora que eles entra e a hora que sai. [...] Então, pra mim ficar segura mesmo, posso mandar eles pra escola e posso ir pro serviço despreocupada. (Mãe, vendedora, dois filhos)

> Eu fico pensando é no mundo das drogas. [...] Eu penso assim: às vez, se os meus filhos desencaminhar pra uma coisa assim. [...] Eu acho que a escola ajuda nisso, porque elas [referindo-se às professoras] conversam também sobre essas coisa com os menino. [...]. E a escola conversando, é uma forma de ajudar a gente. E de estar ali, de olho também. (Mãe, faxineira, dois filhos)

> Porque veja bem: quando o jovem entra numa escola, ele tem um leque aberto para ele, de informação tanto na criminalidade, como na sexualidade, na violência e na conjuntura do nosso país. [...] Quando um aluno começa a discutir sabre isso, ele vai entender melhor como rejeitar a droga que aquele traficante tá pedindo pra ele guardar. (Pai, bombeiro hidráulico, sete filhos)

As famílias pesquisadas, no entanto, não apresentam, em bloco, as mesmas posições sobre a escolarização dos filhos. E os matizes e contradições internas presentes nos depoimentos obtidos permitem concluir, a exemplo de outros pesquisadores, que a relação das famílias populares com a escola e a escolaridade dos filhos é marcada pela contradição (NOGUEIRA, 1991, p. 90). Nesses meios sociais, ao mesmo tempo que a escola é considerada fonte legítima de aquisição de saberes e da certificação imprescindíveis para escapar das condições mais precárias de vida e da desqualificação social, é também questionada em diferentes aspectos, tais como o afrouxamento das relações hierárquicas, o absenteísmo docente e a permissividade excessiva das práticas pedagógicas atuais, entre outros.

> Agora, os meninos estuda se eles quiser. (Mãe, dona-de-casa, três filhos)
>
> Hoje em dia, os menino tão tranquilo. (Mãe, faxineira, dois filhos)

As opiniões, discursos e práticas por vezes desencontrados das famílias populares sobre a instituição escolar, segundo Queiroz (1995), configuram uma retórica comum popular, na qual certas ideias voltam constantemente, tal qual um *leitmotiv*. A relação que elas estabelecem com a escola e a escolarização dos filhos é caracterizada, por ele, como "afeto dividido": "A estrutura fundamental da relação popular com a escola é uma relação de afeto dividido: seja confiança (marcada por uma dúvida), seja a desconfiança (marcada por uma esperança) e, de fato, segundo os momentos, as crianças, as configurações familiares, simultaneamente, uma e outra" (p. 76).

A segunda constatação dos sociólogos é a de que, a base das relações entre as famílias populares e os profissionais da escola, subjaz um confronto desigual entre duas lógicas: as lógicas que regem o universo educativo e pedagógico, por um lado, e as lógicas socializadoras das famílias, por outro. Sob um léxico bastante sortido, as ideias dos autores convergem: fala-se de "tensão", "contradição" (THIN, 1998); "dissonância" (LAHIRE, 1997); "desorientação", "desacordos" (QUEIROZ, 1981); segundo a inspiração do momento. Vejamos, mais de perto, do que se trata.

A) A lógica do trabalho braçal

> A realidade que estrutura a percepção da escola no meio popular é, fundamentalmente, aquela do ofício e do trabalho manual: e não se pode apreender a lógica dessas famílias se não se vê nela uma maneira de transferir, para o mundo escolar, as categorias da cultura do trabalho. (QUEIROZ, 1995, p. 73)

Com essas palavras, Queiroz quer significar que, nesses meios, a atividade pedagógica é interpretada e ganha sentido a partir do que as famílias populares consideram como a vida verdadeira: a vida laboriosa, com suas imposições em termos de trabalho pesado, horários rígidos e extensos, intensidade de cadências, vigilância severa etc., e onde "o esforço e a quantidade de tempo e de energia empregados estão em relação direta com o resultado obtido" (QUEIROZ, 1995, p. 74).

Isso torna compreensível o fato de essas famílias apresentarem dificuldades em perceber o sentido pedagógico de grande número de atividades escolares, tais como as excursões e os passeios, as atividades livres em biblioteca, as sessões de cinema, as brincadeiras e jogos educativos etc. É que elas raramente atribuem a essas atividades – que se manifestam sob a forma do lúdico – uma função de aprendizagem, considerando-as mais comumente como simples momentos de divertimento e como formas pouco sérias e ineficazes de trabalho, representando, sobretudo, desperdício de tempo.

> Ela [referindo-se à filha] fala que assistiu um [filme]. E isso edifica a criança aonde? [...] A minha dúvida é essa: se eles estão tirando proveito disso, do tempo que eles estão perdendo na sala de aula, assistindo um filme. (Mãe, manicura, dois filhos)

É também por meio do fenômeno da tradução das práticas escolares para a linguagem do trabalho manual que se pode entender as frequentes reivindicações "quantitativas" dos pais: cadernos cheios, maior volume de deveres de casa, maior número de lições, mais tempo de estudo etc. (QUEIROZ, 1995, p. 74), conforme exemplifica o depoimento a seguir:

> Ah, eu penso que... que às vez... eu acho que [a escola] dá muita brincadeira pra eles, sabe? Igual excursão. Teve uma época que era excursão direta. [...] Igual às vez os menino vai pra escola, volta com o caderno, não fez quase nada aquele dia. Às vez nem fez nada. Teve mais foi brincadeira, né? (Mãe, dona-de-casa, sete filhos)

Já nos anos 1970, em texto que se tornou um clássico da Sociologia da Educação, Chamboredon e Prévot (1973) postulavam que cada classe social possui sua própria definição do trabalho e do lazer e que, no caso das classes populares, essas duas esferas estão em forte oposição:

> A distância e o contraste entre o trabalho e o jogo e as distrações são maiores ou menores, na medida em que o trabalho é mais ou menos forçado e mais ou menos penoso [...]. Pelo contrário, nas classes cultas, pode-se e sabe-se "trabalhar divertindo", divertir-se em trabalhar, tratar um trabalho como um jogo; é portanto mais fácil de reconhecer no jogo certas características do trabalho, de tratá-lo como atividade "séria" e de pedir que se jogue "seriamente". (p. 50 da tradução brasileira)

E esses dois autores prolongam o raciocínio, afirmando que essa oposição representa um empecilho à compreensão, por parte desses pais, das intenções das pedagogias ditas modernas, fenômeno que foi empiricamente confirmado nas famílias belo-horizontinas:

> Eu olho o caderno deles, eu falo: meu filho, não tem nada nesse caderno? Não tem nada! Tinha mais é música. Olha, esses menino tá precisando de música? Eles tão precisando é de leitura. O caderno que não tá aqui, senão eu te mostrava! Eu joguei tudo fora. [...] Mais música do que encher uns caderno assim... de Matemática. Eu falei: meu filho, você não precisa de música não. [A escola] tem que ensinar eles a pegar nos fato, na tabuada, dividir, conta de dividir, e no português. Na escola eles faz muita brincadeira... tem vez que não tem aula, tem vez que tem é brincadeira no colégio. A criança perde um tempão na escola, [...] perde muito tempo pra estudar. Igual no final do ano. Eles foi mais pra brincar, porque teve olimpíadas. E os menino vai perder. (Mãe, dona-de-casa, três filhos)

Em síntese, toda forma de atividade escolar que pareça se afastar dos processos de aprendizagem considerados fundamentais e da preparação para as avaliações formais é vista com grande reticência pelos pais das camadas populares e tende a não fazer sentido para eles.

B) A lógica da eficácia

Do mesmo modo, a realidade vivida pelos pais marca suas condutas no que concerne aos resultados escolares, os quais são medidos essencialmente pela nota.

> Eu acho que a nota é [...] igual um presente: cê vai dar um presente pra uma pessoa de acordo com o que ela merece. Eu, pelo menos, no meu tempo de escola, eu tive uma professora três anos direto. Três anos assim, seguido com ela. Um ano eu perdi com ela. Mas nos dois ano seguido, eu comprei meus dois anos bem comprado. (Mãe, faxineira, sete filhos)

Se à nota é conferida tal importância é porque ela constitui o ponto de referência que permite aos pais avaliar as flutuações na escolaridade do filho (THIN, 1998, p. 142). Ela é percebida, na maioria das famílias pesquisadas, como a recompensa (ou o salário) pelo trabalho realizado, vale dizer, pelo esforço despendido.[17] É por isso que boa parte dos pais manifesta descontentamento com a forma atual de organização da notação e registro da vida escolar dos filhos, que se caracteriza pelo desaparecimento das notas em proveito de um sistema de avaliação descritivo. Na falta de um meio claro de identificação, sentem-se desorientados para aquilatar o trabalho e o valor escolar dos filhos:

> [A escola] mandou um resultado de final de ano que eu não tô entendendo nada. [...] porque tudo tem uns quadrinho com xis. A gente entende uma coisa dessas? Não entende, né? Tinha que ser igual no [nome de uma escola estadual). Nota, nota, se teve nota boa, azul, se teve erro, vermelho. É isso que os pais entendem, não aquela coisa de quadrinho, xizinho. [...] Eu vou entender isso? Eu acho que tinha que ter nota. (Mãe, faxineira, quatro filhos)

O trabalho de campo revelou que a inexistência de reprovação é motivo de grande apreensão na maior parte das famílias pesquisadas. Muitos pais parecem concluir que essa é a causa do pouco ou nenhum interesse dos filhos pelos estudos e de suas dificuldades de aprender. Eles responsabilizam a Escola Plural por não fazer os filhos "trabalharem" o suficiente e por aprová-los indevidamente, o que os impede, também, de aprender o valor de um trabalho bem-feito. Uma mãe, ao referir-se a esse ponto, assim se expressou: "Passar os meninos sem saber? Isso é serviço porco". Outras assim se manifestaram:

> Quando eu estudava a gente tomava bomba. Se não soubesse ler, não passava, tomava bomba, tinha que estudar mais. E às vez, a gente tentava tirar os pontos pra passar de qualquer jeito, e agora, os meninos estuda se eles quiser, porque eles tão sabendo que vão passar de qualquer maneira. Aí, eles estuda se eles quiser. (Mãe, dona-de-casa, três filhos)
>
> Eu não entendo esse negócio... não entendo mesmo. [Meus filhos dizem:] Ah, mãe, eu vou passar mesmo! A [nome da filha], mesmo, tá dormindo. Eles não pega no caderno... não pega mesmo! Chegou [da escola], jogou a pastinha e acabou! (Mãe, copeira, quatro filhos)

---

[17] Thin (1998, p. 143) relata que, em sua pesquisa, um pai chega a utilizar a expressão "pagamento", em lugar da palavra "nota", ao se referir aos resultados escolares do filho. O pesquisador se confessou, neste caso, incapaz de saber se se trata de um ato falho ou de uma metáfora.

> Não existe bomba, então eles não tá nem aí pra aprender, eles não tá pra aprender. Não existe bomba..., de qualquer forma eles vão passar mesmo... Entendeu? (Mãe, faxineira, quatro filhos)

Se esses pais se mostram tão sensíveis às notas e à inexistência de reprovação, é porque se sentem incapazes de controlar os processos didáticos de transmissão dos saberes legítimos e de evolução dos conteúdos escolares. Falta-lhes a "qualificação cultural necessária" para "decifrar" as condições nas quais se dá a aprendizagem e, assim, desempenhar plenamente o papel pedagógico, tal qual este é entendido e exercido pelas famílias pertencentes aos meios favorecidos (CHAMBOREDON; PRÉVOT, 1973).

> Esse negócio de Escola Plural... eu não consegui acompanhar não. Eu achei que pra minha cabeça foi demais, entendeu? Então, quando eles chamaram e falaram [que] agora é Escola Plural, vai funcionar assim, [...] a gente ficou perguntando: mais assim... Como? Não tem bomba? Por quê? [...] Elas explicaram até bem. Eu acho que eu mesma é que não consigo entender. É impossível que ninguém entende essa escola, mas eu achei ela muito complicada. [...] Mas elas [referindo-se às professoras] já entenderam, né? Compreenderam... sabem o que é uma Escola Plural. Então, pra elas é mais fácil. Mas pra gente... é muito complicado. Eu preferia do outro jeito mesmo [...] era mais fácil de entender... pelo menos tinha bomba. (Mãe, faxineira, quatro filhos)

Nessa condição, só lhes resta a nota como meio de avaliar o desenvolvimento intelectual dos filhos. E é sobre ela que atuam tanto nos casos em que desejam recompensar quanto naqueles em que, ao contrário, se veem obrigados a penalizar performances insuficientes. Mas, de acordo com Thin (1998)

> Ao punir, ao corrigir, ao prometer recompensas para tentar melhorar os resultados escolares, os pais agem do "exterior". Trata-se de exercer uma pressão exterior sobre a criança para obter uma melhora em seu rendimento escolar. Não há a ideia de transmitir disposições ao trabalho ou ao estudo, assim como não há a ideia de uma ação contínua sobre as aprendizagens escolares. (p. 145)

C) A lógica do controle exterior

A mesma lógica da pressão exterior pode ser verificada com relação às formas mais usuais de exercício da autoridade familiar. Em outras palavras, isso significa que as faltas cometidas pelas crianças são sancionadas por meio de atos parentais que intervêm, de fora, sobre o comportamento indesejado, tais como castigos físicos, ameaças verbais etc. Como assinala Lahire (1994):

> Por vezes, a disciplina se exerce totalmente a partir do exterior e intervém como uma sanção externa que não se apoia na "razão" da criança, isto é, no controle pessoal de seus comportamentos, com vistas a evitar prováveis sanções futuras. Quando uma disciplina se aplica de maneira coercitiva, as crianças só modificam, temporariamente, seus comportamentos nos momentos em que se abatem as sanções (tapas, gritos...). As crianças costumam regular seus comportamentos pelos limites fixados por terceiros, e não pelos limites, construídos por outros, mas interiorizados como autolimitações. (LAHIRE, 1994, p. 85)

De um modo geral, trata-se antes de vigiar, de proibir, de reprimir as ações desviantes, em detrimento da formação de uma capacidade de autodisciplina resultante do processo de internalização das normas de conduta.

> Pode olhar ali, a correia. Com o [nome do filho] só funciona assim. Na hora que ele vê que eu caminhei pro lado dele com a correia, ele muda completamente. [...] Aqui a rédea tem que ser curta. [...] Eu falo: ele tem que formar a personalidade dele comigo em cima, porque senão ele vai formar essa personalidade errada, de uma maneira agressiva, que não é certo. Vai trazer problema pra mim, pra família toda e pros de fora. Aí, vem problema pra professora, vem problema pros pais, problema pros vizinhos e aquela criança insuportável, cheia de problemas. Isso por quê? A mãe, não soube monitorar não estava ali. (Mãe, faxineira, dois filhos)

> O [nome do filho] dava [muito problema disciplinar], mas eu bati nele lá dentro da escola e ele consertou. [...] Porque tem que bater. Não adianta falar que não pode. Tem que bater. [...] Porque a gente [...] tem que pôr medo. (Mãe, faxineira, quatro filhos)

Nas palavras de Thin (1998),

> O importante é, sobretudo, que estamos aqui no oposto de práticas que visariam a, de modo privilegiado, transmitir e internalizar, através de um discurso educativo, uma moral e produzir disposições através da explicitação de princípios morais que permitissem às crianças discernir, elas mesmas, as boas e as más influências. (p. 111-112)

E, mais à frente, precavendo-se contra possíveis vieses do discurso sociológico, o mesmo autor acrescenta:

> Nós não diremos que não existe nunca uma base moral nas sanções infligidas às crianças pelas famílias populares, mas sim que se trata de uma moral prática que se exprime no próprio ato repressivo, sem o acompanhamento discursivo que permitiria um distanciamento reflexivo por parte da criança bem como dos pais. (THIN, 1998, p. 115-116)

Nessa forma de política disciplinar, a autoridade tende a se manifestar geralmente de modo imediato e contextualizado, ficando a sanção diretamente ligada a um determinado ato, a suas consequências e a suas circunstâncias. A sanção pode, assim, ter sua duração associada à duração do ato faltoso, derivar seu rigor das consequências dele (e não das intenções do praticante) ou das condições do momento (nervosismo ou cansaço dos pais, por exemplo).

> Mas ele melhorou. Depois que eu dei uma surra nele, ele melhorou. As coisa funciona na frente dos outros. Só vergonha! É passar uma vergonha e não passa duas não. [...] Eu tava dormindo [...] aí, tava batendo na porta assim [esmurrou a mesa para mostrar o barulho] Aí, era uma mulher: ô dona, eu vim aqui porque eu fiquei sabendo que o [nome do filho] pegou uma fita no meu carro... Aí, eu peguei o [nome do filho] de "'côro" na frente da mulher. E [ele] falou que não tinha pego... mas eu bati nele. Ele ficou mancando uma semana. Nunca mais teve uma reclamação. Mas, realmente, a fita não tava com ele, tava com outro menino. (Mãe, faxineira, quatro filhos)

Por certo que existe diversidade nas práticas disciplinares das famílias populares, mas Thin insiste que, em geral, limites estritos convivem com a concessão de ampla liberdade. Tal fato, segundo o autor, decorre de uma tensão entre, de um lado, o "hedonismo popular" que deseja que as crianças desfrutem, enquanto podem, do "bom tempo", e, de outro, o temor de vê-los enveredar por maus caminhos.

Com relação a esse último aspecto, é preciso salientar que os pais experimentam uma constante sensação de que seus filhos correm permanentemente o risco de cair na marginalidade, já que os veem como facilmente vulneráveis às más influências. Além disso, Thin (1998) chama a atenção para o fato de que, aos olhos das famílias, o perigo parece provir sempre de fora e jamais do interior do núcleo familiar, de suas dificuldades na transmissão dos valores morais ou das predisposições ao autocontrole.

> Eu tenho [medo] só com os menino homem, [...] é... mais com os amigo. Às vez, pinta algum colega que gosta de algum vício... influi neles. Eu tenho medo deles se envolver... (Mãe, faxineira, quatro filhos)
>
> Eu me preocupo do [nome do filho mais velho] se envolver com droga, com roubo... Porque, às vezes, eu dou conselho pra ele: tem certas pessoas que você acha que é seu amigo, mas não tá te levando prum caminho certo (Mãe, empregada doméstica, quatro filhos)
>
> Olha, tá muito dificil. Eu tenho sobrinho que mexe com drogas... então, eu fico com medo nessa parte [...] Eu vou tentando, fazendo esforço pra eles nunca passarem pro outro lado. (Mãe, dona-de-casa, três filhos)

Daí a necessidade que sentem, muitas vezes, de usar estratégias altamente controladoras:

> Se eu saio, meus filho fica preso em casa. Eu saio, tranco e levo a chave. Porque eu tenho medo. [...] Mas também eles não são de ficar na rua, porque só sai daqui pro colégio e do colégio pra casa. Que eu não gosto, né, que fica na rua. (Mãe, coletora de material reciclável, quatro filhos)

> Eles fica em casa preso, brincando. [...] É! Fica preso mesmo. É muito difícil sair [...] Porque os colega que ele tem aqui, sempre fica assim... querendo tirar eles daqui de perto de casa. [...] E eu tenho muito medo de deixar eles ficar pra longe. Eu não sei o que pode tá acontecendo, com quem que tá. Às vezes eu deixo. Mas marco a hora dele chegar. E se ele não chegar, eu vou buscar. (Mãe, dona-de-casa, três filhos)

> A primeira coisa que eu faço [quando eles chegam da escola] é pegar os caderno deles. Olho o material de canto a canto. Eu falo com eles que se eles achar uma coisa lá... por exemplo, se achou um lápis, deixa lá. [...] Se eu vejo diferente, eu pergunto: de quem é isso? Ele fala: é de fulano. E quando eu vou na reunião, eu passo pra saber do menino, se é dele mesmo. (Mãe, dona-de-casa, três filhos)

Em relação ao universo escolar, é importante sinalizar que essas práticas disciplinares, predominantes entre as famílias populares, mostram-se em descompasso com as formas de exercício da autoridade empregadas pela escola, as quais supõem a internalização da norma por parte do educando. Assim, aquilo que está sujeito a parecer, aos olhos da escola, como indisciplina ou ausência de regras, pode não ser senão a expressão de um outro modo de socialização disciplinar.

Considerações finais

Do exposto, segue-se – como conclusão primeira – que o sistema de representações, atitudes e condutas das camadas populares relativas ao universo escolar só pode ser compreendido e só ganha sentido quando articulado às condições globais de vida e às trajetórias sociais das famílias pertencentes a esses meios sociais.

Compartilhando do mundo e da cultura do trabalho desqualificado, manual e penoso, vivendo em condições precárias e sob a constante ameaça de uma ainda maior desclassificação social, essas famílias percebem a escola como instrumento capaz de possibilitar aos filhos escapar das dificuldades experimentadas pelos pais, assim como de afastá-los da marginalidade social. As práticas educativas dominantes entre elas acabam, entretanto, se chocando, muitas vezes, com as expectativas e/ou exigências da escola e dos professores. É que a distância social e cultural existente entre o mundo da escola e dos professores, de um lado, e o das famílias populares, de outro, faz com que as relações produzidas entre eles sejam marcadas pela confrontação de maneiras de ser, maneiras de fazer, entre práticas socializadoras diferentes e frequentemente contraditórias, em razão do poder de imposição da legitimidade escolar – que detêm os primeiros sobre os segundos.

"Se existe um terreno onde as práticas das famílias populares são regidas por princípios heterônomos, esse terreno é o terreno da escolarização", como constatou Thin (1998, p. 127). O universo pedagógico e escolar, tão familiar aos professores, constitui um território estranho para os pais das famílias populares, o que os desconcerta e desorienta. Não munidos ante os saberes escolares legítimos e sem condições de dar respostas adequadas às exigências escolares, os pais, principalmente os mais afastados do universo escolar, desenvolvem um sentimento de incompetência, de alheamento.

Usando uma fórmula concisa, mas bastante fiel à realidade, Queiroz (1995) conclui que as famílias das camadas populares "não tem os meios nem de se entregar completamente ao jogo escolar e de opor-lhe um outro jogo, nem de jogá-lo completamente ou completamente bem" (p. 75).

Os dados coletados na cidade de Belo Horizonte revelaram inúmeros traços comuns nos depoimentos obtidos junto às famílias interrogadas, o que vem reforçar as hipóteses dos sociólogos concernentes à existência de um repertório de valores comuns às famílias populares, que organiza suas condutas relativas à escola e à escolaridade dos filhos.

No entanto, esses mesmos dados demonstram, por outro lado, que a homogeneidade que se oculta sob a caracterização das famílias pesquisadas como "famílias de camadas populares" é apenas aparente. Há, na verdade, certa diversidade entre elas. Se, neste texto, demos destaque às reações negativas quanto ao Programa Escola Plural, isso se deve à seleção dos pontos aqui retidos para análise. Nas entrevistas, foram recolhidos também depoimentos favoráveis à organização e às práticas atribuídas à Escola Plural. Não se pense, portanto, que as famílias apresentam, em bloco, as mesmas posições sobre o Programa e que não exista, no seio de uma mesma família, opiniões contraditórias a seu respeito.

Referências

ABREU, Ramon C. de. *Famílias de camadas populares e Programa Escola Plural*: as lógicas de uma relação. Dissertação (Mestrado) – FAE, GAME, Belo Horizonte, 2002.

BELO HORIZONTE. Secretaria Municipal de Educação. *Escola Plural*: Proposta Político Pedagógica. Belo Horizonte: PBH, 1994. (Caderno 1).

BELO HORIZONTE. Secretaria Municipal de Educação. Secretaria Municipal de Desenvolvimento Social de Belo Horizonte. *Relatório do Programa Executivo Bolsa Escola em Belo Horizonte.* Belo Horizonte: PBH, 1999.

CASTRO, Maria Ceres P. S. A educação como direito: limites e possibilidades. In: CICLO de Conferências da Constituinte Escola. Belo Horizonte: PBH, 2000. p. 29-32. (Caderno Temático- n. 1; O papel do Estado, da Escola e da Família na Sociedade).

CASTRO, Maria Ceres P. S.; BAPTISTA, Mônica C. *Escola Plural*: o direito de ter direitos. Belo Horizonte, 1999. 13 p. (Mimeografado).

CHAMBOREDON, Jean-Claude; PREVOT, Jean. Le 'métier' d'enfant. *Revue Française de Sociologie*, v. XIV, n. 3, p. 295-335, 1973. (Há tradução brasileira: Cadernos de Pesquisa, n. 59, p. 32-56, nov. 1986).

DALBEN, Ângela I. Loureiro de Freitas. *Avaliação da Implantação do Projeto Político-Pedagógico Escola Plural.* Belo Horizonte: UFMG/FaE/GAME, 2000.

FORQUIN, Jean-Claude. *Sociologia da Educação*: dez anos de pesquisa. Petrópolis: Vozes, 1995.

LAHIRE, Bernard. Les raisons de l'improbable: les formes populaires de la 'reussite' à l'école élémentaire. In: VINCENT, G. (Org.). *L'education prisionnière de la forme scolaire?*. Lyon: PUL, 1994.

LAHIRE, Bernard. *Sucesso escolar nos meios populares*: as razões do improvável. São Paulo: Ática, 1997.

LÉGER, A.; TRIPIER, M. Fuir ou construire l'école populaire? Paris: Méridiens-Klincksieck, 1987 *apud* QUEIROZ, Jean-Manuel de. *L'école et ses sociologies.* Paris: Natan, 1995.

NOGUEIRA, Maria Alice. Relação Família-Escola: um novo objeto na Sociologia da Educação. In: ENCONTRO ANUAL DA AMPOCS, 23., Caxambu, 1999. (Trabalho apresentado no GT Educação e Sociedade).

NOGUEIRA, Maria Alice. Trajetórias escolares, estratégias culturais e classes sociais: notas em vista da construção do objeto de pesquisa. *Revista Teoria e Educação,* Porto Alegre, n. 3, p. 89-112, 1991.

QUEIROZ, Jean-Manuel de. *L'école et ses sociologies.* Paris: Nathan, 1995.

QUEIROZ; Jean-Manuel de. *La désorientation scolaire.* Sur le rapport social des familles populaires à la scolarisation. Tese (Doutorado) – Pads, Universidade de Paris VIII, 1981.

THIN, Daniel. *Quartiers populaires*: L'ecole et les familles. Lyon: PUL, 1998.

ZAIDAN, Samira. Ciclos no Ensino Fundamental: Um Projeto de Inclusão? *Revista Presença Pedagógica,* Belo Horizonte, n. 30, p. 49-59, 1999.

PROGRAMA ESCOLA PLURAL: LEGADOS E PERSPECTIVAS

SAMIRA ZAIDAN

Considerações iniciais

No Projeto Pensar a Educação (FaE-UFMG), desenvolvido em 2011 com o foco na Escola Plural, participamos da conferência final, discutindo os "legados e perspectivas". Apresentamos naquele momento algumas informações, considerações e análises a partir do início dos anos 1990, procurando situar o contexto particular da educação municipal em Belo Horizonte, o processo de elaboração da proposta pedagógica, a implantação apenas nos anos iniciais e alguns indicativos dos legados e perspectivas que a experiência deixa. Aqui apresentamos então uma síntese das questões do referido debate.

Consideramos necessário situar que a autora destas reflexões foi professora da Rede Municipal de Belo Horizonte (1993-1996), participante do grupo de discussão e elaboração do Programa Escola Plural e da coordenação de sua implantação nos anos 1995-1996. Desse lugar, de enorme responsabilidade sobre a formulação e desenvolvimento inicial da proposta, procurar-se-á apresentar uma visão dos desdobramentos iniciais do Programa Escola Plural em BH, aos olhos de hoje, quando já podemos amadurecer ideias sobre a experiência, buscar teorias que ampliam as reflexões e fazer análises com certo distanciamento.

A formulação e desenvolvimento inicial da Escola Plural ocorreu em certas condições materiais das escolas, condições de trabalho dos profissionais, funcionamento das equipes dirigentes e políticas nacional e local, envolvendo também um conjunto de atores da Prefeitura e da Secretaria Municipal de Educação da Prefeitura de Belo Horizonte. No entanto, aqui serão considerados apenas os aspectos da política pedagógica. Pretendemos lançar alguns pontos de vista sobre o processo para "buscar" o que interessa neste trabalho, valendo-se de um "olhar" de "dentro" e do desejo de uma leitura crítica, para nós sempre construtiva e amorosa.

Escola Plural: uma visão da formulação e os pressupostos

Juarez Valadares analisa que não se pode dizer que a Escola Plural "seja uma proposta inesperada" (Valadares, 2008, p. 188), pois se apresenta em um momento social como confluência de práticas das escolas, das reivindicações do movimento docente e com o apoio de um grupo de Governo. Então, sobre isso cabem algumas considerações.

O contexto de elaboração da Escola Plural, considerando a educação básica no início dos anos 1990, era de grande mobilização. Grupos articulados a movimentos sociais, particularmente de docentes, viam no novo Governo Municipal de 1993-1996 – o primeiro do Partido dos Trabalhadores em Belo Horizonte – possibilidades de equacionar históricas reivindicações. Havia nas escolas grupos de professores que promoviam um debate sobre o trabalho e o ensino, realizando diagnósticos da educação oferecida, atentando para suas dificuldades. Esses grupos articulavam-se dentro das escolas e entre-escolas, em alguns momentos incentivados pela própria Secretaria de Educação, sendo que na gestão 1989-1992 projetos foram elaborados e desenvolvidos, dando a eles apoio institucional. Muitos desses projetos, ainda que localizados e até mesmo isolados em algumas escolas, buscavam equacionar dificuldades de aprendizagens, os altos índices de reprovação e evasão, a fragmentação do trabalho, entre outros problemas detectados.

O clima do novo Governo Municipal em 1993 era de grande expectativa – diria, até, de euforia – quanto a que fosse formulada uma "política" educacional que se voltasse para os problemas em debate na educação e as novas demandas dos educandos. Entre estes, o altíssimo índice de 30 a 40% de alunos reprovados e evadidos ano a ano no sistema local.

Com o novo Governo, inauguraram-se práticas de gestão nas quais se trabalhava em equipes, sempre com muitas consultas, encontros, seminários e debates das políticas em desenvolvimento. Na Educação, assim, não se pode falar diretamente que há um único responsável pelo Programa Escola Plural, pois muitas equipes se envolveram em suas formulações, desdobramentos e elaborações políticas.

A Secretária Municipal de Educação, à época, Professora Glaura Vasquez de Miranda, assumiu seu mandato no decorrer do primeiro ano do Governo Municipal, tendo convidado o Professor Miguel Gonçalo Arroyo como Secretário Adjunto, especificamente para coordenar as discussões político-pedagógicas.

Nessa equipe da SMED, em 1993, havia uma postura crítica quanto à contratação de especialistas externos para a elaboração de políticas, deixando claro que as equipes se constituíram com docentes da própria Rede Municipal. Nas palavras de Miranda (2007), "Havia no grupo a convicção de que a rede municipal não aceitaria projetos prontos e impostos". Um documento havia sido produzido no início de 1993, quando a Secretária era a Professora Sandra Starling (que atuou apenas nos primeiros meses), apresentando o estudo de um grupo de docentes que fazia um diagnóstico das escolas (VALADARES, 2008). Do ponto de vista do ensino, o documento apontava que os docentes das escolas tinham consciência dos muitos problemas vividos pela educação no município, explicitavam as dificuldades de aprendizagem, especificamente dos segmentos mais pobres e das escolas mais periféricas, indicando muitos elementos que se relacionavam a isso, certamente que considerando as condições socioeconômicas de baixa renda dos alunos e de suas famílias. Apontavam ainda: a falta de fixação dos docentes nas escolas, que mesmo sendo concursados e estáveis, possuíam jornadas fragmentadas e alta rotatividade entre escolas; as metodologias muito rígidas de ensino, a falta de materiais atualizados e interessantes; a estrutura escolar que se mostrava rígida e inflexível para ações diversificadas que a universalização da escola passava a exigir (Documento Diagnóstico, PBH, 1993).

Ainda no âmbito apenas da discussão pedagógica, houve a convocação e reunião de equipes de docentes que queriam participar da gestão da educação daquele Governo, envolvendo as nove regionais da cidade, formando um coletivo de cerca de 100 pessoas, coordenado pelo Professor Miguel Arroyo. Essa equipe passou o final do ano 1993 e grande parte do ano 1994 debatendo o que se esperava como Programa Político-Pedagógico da RME-BH. Em reunião já para o fechamento das suas linhas principais, após meses de debate interno, o Programa foi denominado "Escola Plural", por sugestão da própria Professora Glaura, no entendimento de que esse nome expressaria as múltiplas dimensões presentes nos processos cotidianos e formativos da escola. O nome veio ao encontro do imaginário que dominava o processo de formulação do Programa, pois se desejava uma escola plural na sua concepção dos sujeitos, de conhecimentos, de formas de ação, de riqueza cultural, de alegria, de satisfação e realização do trabalho dos seus profissionais e visando múltiplas possibilidades às novas gerações. Esse nome, segundo Arroyo (2000, p. 71) "tenta incorporar a procura pedagógica de uma docência aberta à pluralidade de saberes e de aprendizagens, à pluralidade de dimensões do desenvolvimento humano, da formação dos educandos e dos educadores".

O processo de elaboração das linhas da Escola Plural foi de cerca de oito meses, com debates centralizados e descentralizados. Eram sistematizadas e sintetizadas questões por escrito, levadas a discussões nas regionais, retornando e realizando novas sínteses, até que as formulações principais se mostraram, naquele que foi o Caderno 0 da Escola Plural. A redação final passou pelas mãos do Professor Miguel Arroyo e o texto apresentado aos docentes no final do ano de 1994 em um evento convocado especialmente para esse fim. A comunidade educacional recebia, enfim, a proposta de mudanças que o Governo Municipal de então tinha para a educação.

A proposta pode ser assim resumida, nas palavras de Glaura Vasquez de Miranda (2007):

> O grande objetivo era ter uma escola pública sem discriminação, pluralista, democrática, não-excludente, capaz de incorporar toda a população escolar, independentemente de raça, etnia e sexo. No horizonte das propostas, estava a implantação de uma nova concepção de educação e, por conseguinte, de uma nova lógica de ordenamento escolar. Pretendia-se um currículo mais diversificado culturalmente, que incorporasse atividades artísticas, valorizasse a história, a literatura, a abertura para a comunidade, sem descuidar das disciplinas tradicionais. Pretendia-se, também, que os alunos das escolas públicas municipais tivessem avanços progressivos em seu desenvolvimento escolar. Havia uma séria crítica à cultura da reprovação e da repetência. Nas discussões, enfatizava-se uma escola aberta à comunidade, mais alegre e prazerosa, que contribuísse para o novo desafio das políticas públicas: a permanência de crianças e jovens na escola pública.

Assim como Paulo Freire (1995, p. 15) veio a referir-se a um "modelo político-pedagógico" da administração paulista baseado na "noção de *escola pública popular*", a Escola Plural definia-se como um Programa de "escola para todos". Belo Horizonte abriu e assumiu enfaticamente essa perspectiva no início dos anos noventa.

Nas palavras de Paulo Freire, a escola amplia suas funções quando se torna "para todos", quando incorpora setores de formação sociocultural diversificada, abordando e ensinando os conhecimentos considerados essenciais, mas também como "um espaço para a elaboração de sua cultura" (1995, p. 16), participando da produção do saber. Miguel Arroyo (2000) também entende a escola em suas funções ampliadas e foca suas análises essencialmente no reconhecimento da capacidade do "sujeito social" na participação, vivência e expressão cultural. Os autores propõem um rompimento com a tradição de que existe "uma" cultura, a cultura da elite, vendo a escola como um espaço social ampliado, de organização política, cultural, onde os educandos das camadas populares deve encontrar "os meios de auto-emancipação intelectual independentemente dos valores da classe dominante" (FREIRE, 1995, p. 16).

No coração da equipe dirigente da SMED, no ano 1994, uma questão de procedimento político se fez presente no momento de apresentar o Programa Escola Plural aos professores: como seria a implantação, se geral e para todos ou se seria por adesão dos coletivos das escolas. Essa questão foi polêmica na pequena equipe que se reunia na coordenação junto ao Secretário Adjunto, optando-se, por votação da maioria, por uma implantação geral e para todos nos anos 1995-1996, mas dialogando e construindo as ações com os profissionais das escolas.

Na SMED-PBH havia um diferencial que pode ser considerado muito importante no período, pois fora construída em anos anteriores por reivindicação e negociação dos docentes, quando da realização de congressos de educação, uma escola denominada CAPE – Centro de Aperfeiçoamento do Profissional da Educação, situada no espaço da Secretaria Municipal e que era coordenada e organizada com docentes da própria Rede Municipal (VALADARES, 2008). Essa escola era um espaço de encontro, de trocas, de realização de debates, cursos e formações diversas com e para os docentes. Era uma escola dos professores. Na elaboração e implantação da Escola Plural, o CAPE esteve na linha de frente, organizando-se com ele toda a equipe que levou adiante o Programa nas escolas.

Para completar essa parte, mesmo que de modo bastante breve, é importante lembrar que as faltas na educação brasileira eram e ainda são muitas, especialmente a valorização do profissional, mas no período eram ainda maiores, pois faltavam vagas, escolas funcionavam em quatro turnos, bibliotecas e materiais didáticos eram precários na maioria e de acesso restrito, as tecnologias chegavam muito, mas muito lentamente. Muitos aspectos da chamada "materialidade" da escola eram essenciais e foram tratados também nesse período, embora aqui não tenha sido feita referência explícita, já que nos detemos ao âmbito das questões político-pedagógicas.

Escola Plural: uma visão da implantação

A abertura do ano letivo 1995 foi o início da implantação da Escola Plural na RME-BH, envolvendo todas as escolas que ofereciam da 1ª à 4ª séries, implantando o primeiro e segundo ciclos,[1] o que abarcou 130 das 180 escolas, perto de 6.000 dos 10.000 docentes e mais de 100.000 alunos. Nos primeiros dias foi realizado um evento com todos os docentes para discussão da proposta e seus desdobramentos, numa operação coletiva muito grande, formando-se mais de 80 agrupamentos por temas de interesse relacionados à prática escolar, com o objetivo de realizar preparações preliminares para a implantação.

A implantação da Escola Plural era entendida pela equipe dirigente como oportunidade para todas as escolas lerem o "Caderno 0" e tomarem contato formal com as orientações gerais produzidas e propostas, buscando nas suas práticas e condições específicas as adaptações ou elaborações próprias. A implantação dos ciclos de formação era considerada a iniciativa organizativa essencial e, a partir do qual, se desdobrariam as demais.

Iniciado o ano letivo 1995 o debate foi intenso, pois a implantação do primeiro ciclo implicava na também implantação do segundo ciclo, visto que no primeiro havia cerca de 13.000 alunos com mais de dez anos na 1ª ou 2ª série e que deveriam, nas novas orientações da Escola Plural, estar com os seus pares, portanto, no segundo ciclo. Esperava-se que esse contingente "fora de faixa", constituído de alunos multirrepetentes, pudesse reiniciar novos processos de aprendizagem e desenvolvimento, mais adequados à sua idade e experiências. Essa mobilização foi, sem dúvida, a mais importante no ano inicial de implantação da Escola Plural e o que veio a marcar o Programa. Ou seja, a inclusão dos alunos nos agrupamentos de idade adequada e a reestruturação dos procedimentos escolares para que eles pudessem situar-se, aprender e progredir na escolarização, foi o aspecto que mais ocupou as equipes docentes, sendo esse realmente o primeiro passo decisivo para incluir e formar os excluídos do sistema até então existente. No âmbito da sociedade, também esse foi um elemento de muitas incompreensões e polêmicas.

Com os primeiros desdobramentos da Escola Plural, o primeiro ciclo abarcou as crianças de seis, sete e oito anos (em muitas escolas apenas as de sete e oito, pois a inclusão de estudantes com seis anos naquele período foi gradativa), e o segundo ciclo aquelas de nove, dez e onze anos (também muitas escolas só teriam os estudantes de nove e dez, incluindo gradativamente os de onze anos, pois isso significava uma mudança na estrutura do período da 5ª à 8ª séries). O segundo ciclo deveria ainda incluir os cerca de 13.000 alunos multirrepetentes e fora de faixa que vinham dos anos iniciais, em turmas específicas, num sub-

[1] 1º Ciclo do Ensino Fundamental: alunos de 6, 7 e 8 anos; 2º Ciclo: alunos de 9, 10 e 11 anos.

projeto especial que foi denominado como "turmas aceleradas". Assim, todas as escolas tinham turmas aceleradas e estas se organizariam entre si, por meio de seus docentes.

Desse modo, as turmas aceleradas tinham docentes que constituíam, em cada escola e junto com a equipe dirigente da SMED, um agrupamento específico para realizar as discussões e ações criativas, que a inclusão e formação dos educandos multirrepetentes requeria. Veja-se que o que se pretendia era um trabalho de boa qualidade, de acolhida, de formação geral e específica para exatamente os estudantes que vinham de reprovações e reprovações nos anos iniciais, agora incorporados no segundo ciclo. Algumas escolas já realizavam, em projetos específicos de professores, um atendimento a pequenos grupos desses alunos, mas na Rede como um todo era uma iniciativa extremamente inovadora e complexa, já na nova estrutura que propunha a escuta uns dos outros e valorizava a socialização entre os pares, os processos culturais e plurais de aprendizagem.

Logo se pode ver que, no que diz respeito à implantação, o primeiro ciclo ficou bem favorecido, pois lá ficaram somente com os alunos da sua idade própria, dando as condições para iniciar a escolarização da educação fundamental de modo adequado, constituindo-se também equipes coordenadoras desse ciclo, que iam da equipe central para as regionais, com o foco na alfabetização e inserção escolar das crianças.

Já o segundo ciclo, anos onde as diferenciações das passagens entre os momentos iniciais e finais do ensino fundamental já se mostravam difíceis (as reprovações na 5ª série costumavam ser percentualmente tão altas quanto as da 1ª série), com profissionais diferentes (pedagogos e especialistas), com uma idade especial dos educandos (em processo de adolescer), ainda recebia, com a Escola Plural, um contingente de estudantes que estavam "fora de série" (CURY, 2005), demandando um trabalho específico. Nesse caso, as preocupações colocadas para as escolas eram muitas, pois além de organizarem um novo projeto para estudantes com idade entre nove e onze anos, incluindo os diferenciados professores das 3ª, 4ª e 5ª séries, deveriam aí incluir os mais velhos (com idade entre dez e quinze anos) em turmas aceleradas, envolvendo professores pedagogos e formados por disciplinas em ações que deveriam ser integradas. Essa ação na escola requeria muita atenção das equipes.

Além disso, aspectos da ordem material, de pessoal, salarial, dos espaços nos prédios e obras, embora não citados aqui, foram também encaminhados em ações específicas para o Governo Municipal. Segundo a análise feita por Miranda

(2007), a implantação da Escola Plural requereu mudanças essenciais e teve alto custo financeiro, destacando-se:

- o critério de um professor por turma foi mudado para o de um grupo de três professores para duas turmas, com eliminação do cargo de professor eventual na escola;
- de uma gestão pedagógica feita por especialistas passou-se para uma outra organização, onde o coordenador era eleito pelos pares;
- a enturmação feita por habilidade escolar foi substituída por outra baseada na idade, nas experiências escolares anteriores e nas vivências culturais dos alunos.

A coordenação da Escola Plural se deu com a reorganização das equipes pedagógicas do CAPE e da SMED, constituindo-se grupos que acompanhavam diretamente todas as escolas, com participação de gestores e dos professores da sala de aula, formando agrupamentos para turmas aceleradas, outros para cada ciclo, outros que se voltavam para as questões da avaliação, da vida cultural, dos projetos especiais, elaborando-se publicações, podendo-se ressaltar que havia mesmo uma ebulição de debates, cursos, oficinas, encontros e construções diversas.

O processo de construção curricular da Escola Plural merece discussão à parte, foi extremamente criativo, original, mas também complexo e nele também se expressariam as diferenciações do próprio grupo de formulação do Programa. Um ponto essencial pode ser considerado comum a todas as equipes dirigentes: a escola deve ter como centro de seus processos múltiplos aquele a quem se destina, ou seja, o estudante, visto como um sujeito social de direitos, diferenciado nas condições econômicas, sociais e culturais, tendo nessa instituição o direito de se formar como cidadão consciente e capaz de entender o seu mundo, nele atuar de forma crítica e transformadora. Assim sendo, uniram-se as equipes em ações da Escola Plural na construção desse referencial central, o aluno como sujeito da escola, sendo preciso conhecê-lo, considerar suas especificidades e criar condições para que sua formação seja específica, ampla e crítica.

Na discussão curricular do Programa Escola Plural havia polêmicas, muitas polêmicas. Arriscamos a fazer uma síntese de duas visões principais existentes. A primeira, tomando o educando como o centro dos processos educativos, defendia como papel essencial da escola a transmissão e construção do conhecimento, mas entendendo-o de modo ampliado; nesse sentido, incluía e defendia a transmissão de conhecimentos e habilidades disciplinares, definidas por ciclos, ampliando-se para os conhecimentos de valores, de atitudes e de valorização das vivências culturais. A segunda visão, tomando o educando como centro dos processos educativos, defendia como ponto essencial da escola o seu papel de espaço sociocultural de vivência e formação, de expressão e de construção cultural; valorizando a convivência entre os pares como condição formativa, buscava conhecimento do meio em que se vive, submetendo-se a esses processos a aquisição dos conhecimentos e habilidades disciplinares.

Ou seja, a Escola Plural propunha mudar radicalmente os objetivos da educação básica, historicamente concebida como transmissora, "bancária", para um entendimento curricular que se voltava para o aluno real, nas suas possibilidades, demandas e dificuldades. Contudo, em uma das visões de construção curricular, a escola permanece como instituição cujo privilégio e prioridade é lidar com o conhecimento, sempre articulado e submetido aos processos formativos dos educandos; em outra visão, a escola é entendida como um espaço onde devem prevalecer as vivências, convivências socioculturais e formativas, articulando-se nesses processos os conhecimentos.

A busca de uma construção comum, que respeitasse o educando em sua história, memória e condição social, unificava a equipe dirigente, embora o debate fosse constante. Tomando as palavras de Paulo Freire podemos buscar uma significativa expressão do entendimento da escola pública, que norteava a Escola Plural:

> [...] Uma escola pública realmente competente, que respeito a forma de estar sendo de seus alunos e alunas, seus padrões culturais de classe, seus valores, sua sabedoria, sua linguagem. Uma escola que não avalie as possibilidades intelectuais das crianças populares com instrumentos de aferição aplicados às crianças cujos condicionamentos de classe lhe dão indiscutível vantagem sobre aquelas. (FREIRE, 1995, p. 42)

Nesse quadro, as visões diferenciadas viam com funções também diferenciadas o próprio conhecimento, especificamente o conhecimento disciplinar, o ensino de conteúdos. Debatia-se nas equipes o papel e o lugar do ensino dos conteúdos. De todo modo, a visão dos conteúdos e de seu papel nos processos formativos e construção curricular da Escola Plural também encontra repercussões em Freire (1995, p. 29) quando afirma:

> Para o educador progressista coerente, o necessário ensino dos conteúdos estará sempre associado a uma *leitura crítica* da realidade. Ensina-se a pensar certo através do ensino dos conteúdos. Nem o ensino dos conteúdos em si, ou quase em si, como

se o contexto escolar em que são tratados pudesse ser reduzido a um espaço neutro em que os conflitos sociais não se manifestassem, nem o exercício do *pensar certo* desligado do ensino dos conteúdos.

A visão de "conhecimento" nas duas perspectivas, certamente, se mostrava ampliada, ou seja, não só reconhecia que todo sujeito social constrói conhecimento, em especial o próprio discente e o docente na/sobre a ação educativa, como explicitava o conhecimento escolar nos seus aspectos sociais, culturais, procedimentais, visão essa que veio e se mostrava presente nos PCN-MEC-1995. Segundo Miranda (2007), na visão da Escola Plural, o conhecimento toma como base as "questões de interesse social e da sua reflexão, tendo como referência o conhecimento cultural acumulado, presente nas disciplinas". Paulo Freire refere-se a essas relações como necessariamente dinâmicas: "[...] enquanto numa prática educativa conservadora competente se busca, ao ensinar os conteúdos, ocultar a razão de ser de um sem-número de problemas sociais, numa prática educativa progressista, competente também, se procura, ao ensinar os conteúdos, desocultar a razão de ser daqueles problemas" (FREIRE, 1995, p. 30). Podemos dizer que esse era o desafio essencial da construção curricular proposta pela Escola Plural. Consideramos, contudo, que não houve tempo para uma discussão adequada à época, ficando essas e outras essas questões muito em aberto.

A discussão da universalização da educação básica, da inclusão, de uma construção curricular da Escola Plural que colocasse o educando como o centro dos processos formativos, precisava "mexer" na avaliação. Por que? Porque a perspectiva de escola seriada se ancorava historicamente numa visão de escola como espaço de transmissão de conhecimentos e na verificação de sua aprendizagem, o que, quando não ocorria conforme inicialmente previsto, justificava a reprovação do aluno, que tinha de repetir tantas vezes quantas fossem necessárias para mostrar uma aprendizagem. Daí as múltiplas reprovações também se legitimavam e os alunos eram tidos como aqueles que não aprendem. Essa perspectiva tinha sua lógica e articulava, então, a transmissão, a verificação da aquisição do conhecimento pela via das avaliações e a reprovação (e multirreprovações) que, via de regra, seguia-se de evasão dos estudantes da escola básica.

Os processos de classificação e reprovação estavam profundamente legitimados na estrutura seriada escolar até 1994 na RME-BH, razão pela qual qualquer projeto pautado na universalização, para a formação dos educandos como sujeitos socioculturais, tinha necessariamente de enfrentá-los. Algumas iniciativas nesse sentido tinham ancoragem em projetos de escolas que já se realizavam antes da implantação da Escola Plural. Alguns desses projetos mostravam que, quando havia um tempo maior, associado a metodologias de escuta do estudante e de abordagem dos conhecimentos de modo a interessá-los, tinham sucesso. Nascem daí também outras discussões e elaborações em torno do conceito "aprendizagens significativas".

Algumas escolas, em seus projetos específicos antes de 1993, à época autorizados um a um pela SMED ou executados à revelia, criavam séries intermediárias ou agrupamentos com docentes que apresentavam disposição e proposta de ensino que equacionavam dificuldades existentes, passando, após o tempo previsto, a integrar os estudantes nas séries regulares. Era como se fosse uma parada no procedimento série a série, criando um tempo que podia ser de três meses, seis meses ou mesmo um ano, quando então os estudantes "alcançavam" os colegas e se engajavam numa escolarização mais regular. Outras ações desconsideravam notas, organizando dois registros, sendo um oficial – com notas para cumprir requisitos legais – outro efetivo, com conceitos e descrições, que iam para o estudante e sua família. Algumas ações escolares ocorriam nesse sentido. Com a Escola Plural, nos anos iniciais de sua implantação, também não houve tempo para aprofundar debates e as novas formulações em que os novos processos avaliativos fossem mais bem considerados.

No ano de 1996, iniciou-se a implantação das mudanças propostas pela Escola Plural no 3º Ciclo, os três anos finais do ensino fundamental. Nesse caso, a discussão e os encaminhamentos envolviam os docentes que tinham formação disciplinar. Foi muito mais difícil, pois a construção curricular, a avaliação e a organização escolar para a nova prática pedagógica proposta exigia mudanças maiores, pois nesses anos as práticas de ensino eram mais fragmentadas (já que eram disciplinares), pautadas na classificação e seleção como procedimentos ainda mais legitimados. No terceiro ciclo, algumas escolas se engajaram mais, outras menos e outras de modo algum, não tendo havido uma mudança expressiva no tempo curto de um ano da implantação da Escola Plural.

No total de anos da implantação (1995-1996), as críticas à Escola Plural vinham de todos os lados, especialmente de agrupamentos de professores da própria Rede Municipal e de parcela da sociedade, que se pautava no entendimento de que se realizava uma promoção sem aprendizagens. Segundo Miranda (2007), as principais críticas foram centradas em dois aspectos:

> O primeiro foi a interpretação de que o projeto adotava critérios de progressão automática. Portanto, não haveria mais reprovação e todos os alunos seriam aprovados,

independentemente de terem um nível adequado de aprendizagem. Com isso, muitos alunos perderiam o interesse pelo estudo, já que teriam garantia de aprovação.

O segundo foi o temor de que as crianças chegassem à 8ª série sem saber ler e escrever, principalmente por causa da eliminação da reprovação. A implantação do mecanismo de retenção ao fim de cada ciclo não foi feita como deveria e não foi capaz de tranquilizar os pais. Essas questões não foram esclarecidas, prejudicando a implantação do programa.

Pode-se dizer que os anos de implantação foram curtos, não sendo possível nem debater suficientemente entendimentos do que se propunha no Programa Escola Plural. Especialmente no âmbito não escolar, da sociedade belo-horizontina, quando prevalece de modo muito forte a ideia da escola como mérito individual e não como um direito social, o que mereceria um trabalho especial que até havia sido planejado, mas que não ocorreu por dificuldades do próprio Governo. A propaganda na mídia da Escola Plural foi um aspecto difícil, podemos dizer que foi desastrosa, não repercutindo o que se propunha, criando insatisfações e desconfianças, assunto esse que merece outros estudos e análises.

Com o tempo de dois anos de implantação (1995-1996), as ações das equipes da SMED apenas tocaram na estrutura escolar, nos rígidos procedimentos que existiam, deixando docentes, discentes e pais com equacionamentos, dúvidas conceituais, em muitos casos imobilismo e inseguranças quanto aos prosseguimentos para cada escola.

Se o pouco tempo que o Governo ainda tinha havia sido forte argumento para a implantação geral da Escola Plural na Rede Municipal em 1995-1996, pois quem defendia esse caminho não acreditava em "projeto piloto", optando por discutir e elaborar coletivamente no processo as lacunas e demandas das reformas propostas, esse foi também o fator determinante para as inúmeras dificuldades que se seguiram. Pode-se analisar hoje que, exatamente por ser o tempo de Governo pequeno, talvez a implantação da Escola Plural na forma de adesão, com "escolas piloto", possivelmente pudesse proporcionar melhores condições para se realizar as elaborações requeridas, proporcionando relações SMED-docentes menos tensas.

Se havia em 1993 da parte de grupos de professores uma demanda tão forte por um novo projeto político-pedagógico para a RME-BH, por que agrupamentos majoritários de docentes não aderiram à Escola Plural, como se esperava? Também nesse tema arriscamos algumas ideias e análises. Primeiro, os termos ideológicos e políticos que norteavam o Programa não se mostraram consensuais, como as ideias de equidade, igualdade e direitos para todos. Estas necessitavam ser ainda mais debatidas e construídas, ainda mais considerando o contexto social de grandes desigualdades persistentes. Segundo, como havia defensores, havia um conjunto de docentes críticos ao Governo do PT, que certamente criticariam qualquer proposta que surgisse, e as dificuldades da Escola Plural eram muitas, deixando arestas que foram sendo apontadas sem descanso como fracassos da proposta. Terceiro, que os docentes que formavam antigos grupos que já se engajavam nas práticas inovadoras das escolas e tentaram se engajar nas ações da Escola Plural não se viram nas propostas apresentadas, até as defendiam, mas não conseguiram agir, já que elas requeriam conhecimentos e atitudes que iam além, ou demandavam novos estudos, diante do que já se praticava. Um bom exemplo é o da constituição de coletivos de ciclos, nos quais agrupamentos de turmas e de docentes deveriam se unir, planejar e construir processos formativos próprios da idade de formação. Essa proposta se espelhava nas práticas de continuidade entre as séries que já se desenvolviam nas escolas, mas sua implantação requeria muito mais, a mudança do espaço escolar, o planejamento dos docentes em conjunto, diagnóstico e ensino de conhecimentos que o grupo de discentes necessitaria, a indicação de docentes para as tarefas de coordenação ou outras que muitas vezes não correspondiam à sua área de atuação etc.

Observamos que os grupos de docentes das escolas que existiam antes de 1993 eram constituídos de forma espontânea, por adesão, de modo que não representavam todos os docentes das escolas. Havia poucas situações de adesão dos diretores da escola nesses grupos, geralmente eram autônomos. Desse modo, suas propostas e práticas inovadoras eram uma parte das ações das escolas, convivendo com outras práticas que podem ser consideradas conservadoras. Quando as propostas inovadoras se institucionalizaram com a Escola Plural, forçaram a que todos os coletivos se formassem como escola, impondo a esses mesmos docentes, antes engajados, situações de discussão e enfrentamentos que não eram esperados.

Muitas foram as ações e orientações político-pedagógicas dos Governos e equipes da SMED que se seguiram (1997-2000, 2001-2004, 2005-2008, 2009-2012). Com a mudança da equipe dirigente em 1997, após eleição municipal, mudaram também aqueles que atuaram diretamente na elaboração e implantação da Escola Plural, efetivando-se uma descontinuidade nos desdobramentos previstos pelo Programa original. Pode-se dizer, contudo, que nesses Governos manteve-se uma linha de continuidade de ideias gerais do Programa, assim como todas as ações do Governo Federal e de governos no País. As ações dos governos municipais que se seguiram à Escola Plural tiveram ênfases, normatizações e ações muito diferenciadas, levando a práticas também muito diferenciadas, de modo que não se pode dizer que a Escola Plural prosseguiu como Programa.

O debate do que passou a se chamar por "promoção automática" dos estudantes sempre foi o centro das questões polêmicas e nunca foi proposta pela Escola Plural, pois esta pretendia um processo de ensino diferenciado e a inclusão numa escolarização regular de todos, buscando no próprio sistema as dificuldades existentes, e não apenas culpando os alunos. Essa questão, especialmente por disseminar a percepção de que o aluno não mais seria avaliado, foi foco de distorções. Ou seria expressão de uma visão contra os direitos e socialmente discriminatória com as classes populares?

"Escola Plural" tornou-se um termo de uma referência controversa em dois aspectos: tanto se referia à inovação, à coragem para a mudança, à transformação das estruturas rígidas do ensino básico (visão presente nas rodas mais dinâmicas e comprometidas com mudanças, na academia, nos agrupamentos que sempre estiveram engajados na luta pelo direito à escola), quanto se referia à escola fraca, à escola dos estudantes pobres, escola que promove a todos sem critérios e que levou à baixa qualidade do ensino (visão esta mais presente nas rodas sociais mais amplas e na mídia local em particular). Desse modo, o Programa e seus desdobramentos estão marcados por controvérsias nesses anos todos.

Alguns estudos, entre os quais destacamos os de Angela Dalben (1998), Cláudia Caldeira Soares (2000) e Juarez Valadares (2008), efetivaram análises da implantação da Escola Plural, retomando a história das escolas municipais, os Governos e suas ações nos anos anteriores à implantação e também contendo análises importantes dos processos vividos à época e que podem ser consultados.

Escola Plural: os legados

Hoje podemos tratar o Programa Escola Plural como uma proposta implantada na RME-BH, que propôs "revolucionar" as estruturas escolares focando nos sujeitos crianças, adolescentes e jovens em formação, valorizando a cultura e a socialização entre os pares discentes e docentes, buscando uma aprendizagem significativa dos conhecimentos científicos, sempre articulados a uma perspectiva de situar o sujeito no contexto social, visando à construção de consciências críticas, de convivências com as diferenças. Para isso propôs organizar a educação básica em ciclos de idade de formação como coletivos de discentes e docentes, uma nova estruturação curricular e dos processos de trabalho, repensando tempos/espaços, legitimando ações plurais de formação. Representou uma possibilidade de romper com uma estrutura escolar rígida, seletiva, discriminatória, que dominava a educação básica. Defendeu a visão plural dos processos formativos pautada numa visão de sociedade plural e democrática.

Esta proposta teve seu valor social e histórico, mas até mesmo os dirigentes da Secretaria de Educação nesses últimos anos da década 2000 tiveram que ceder à pressão e negar o seu nome, em discurso público, não sendo nos últimos anos nem considerada como Programa das escolas municipais de Belo Horizonte. Fracasso? Não se pode ser tão simplista nessa análise. Discutir os legados da Escola Plural vai mostrar que algumas ideias e conceitos por ela propostos, acolhendo reivindicações do movimento docente, vieram para ficar, muitos outros foram superados socialmente e há um conjunto de questões ainda por ser mais bem compreendidas e elaboradas para se alcançar uma escola pública, universal, democrática e de qualidade social. Nossa análise aponta, a seguir, alguns desses aspectos.

Quais são os principais legados da Escola Plural?

A Escola Plural acolheu efetivamente a perspectiva da *universalização da educação*. O conceito essencial do direito, da "escola para todos", está na base mais profunda da Escola Plural. Um Programa para a universalização, eis o primeiro e principal legado da Escola Plural para a educação e a sociedade, mostrando ser viável e urgente a inclusão das diferenciações; o reconhecimento das diferenças como parte de nosso povo e da população que tem direito à escola. Pensada como parte de outros programas políticos desenvolvidos por iniciativa de governos, tem como referência, nas palavras de Jamil Cury (2005, p. 79):

> O caráter multirracial, multiético, multirreligioso de nosso país obriga-nos a encarar a diferença como elemento cultural constituinte de nossas relações histórico-sociais, reconhecê-la e, no respeito a ela, caminhar em busca de uma igualdade já proclamada e formalmente reconhecida.

Mostrou que acolher a todos na escolarização básica e regular da sociedade implica num projeto político-pedagógico que incorpore diferenciações, que seja plural. É sabido que a estrutura seriada, rígida, que na RME-BH proporcionava até quase 40% de reprovações e evasões ano a ano, que prevaleceu até o ano 1994, tinha endereço certo: os alunos pobres, os negros e os estudantes irreverentes. Sim, vamos trazer também a questão da irreverência, pois também se puniam alunos questionadores e indisciplinados com baixas notas e reprovações! Uma estrutura rígida, uma ossatura excludente, pois na sua própria lógica seriada propedêutica estava embutida e legitimava a exclusão (ARROYO, 2010).

Essa visão de escola tem forte ancoradouro numa visão restrita de conhecimento como um conjunto selecionado da cultura que deve ser reproduzido pela escola, visando à própria reprodução social. Daí decorre que uma mudança que se proponha deve equacionar a estrutura escolar e a sua construção curricular.

Com a Escola Plural, foram incentivadas pequenas ações de reconhecimento de valorização das memórias dos estudantes e suas famílias, a discussão contra o racismo e a discriminação, o estudo da história da África, a criação de condições para dar suporte ao aluno pobre, a valorização das linguagens e expressões culturais diversificadas, a criatividade da cultura popular com a música e as artes, a perspectiva do ensino com a investigação e acolhimento das curiosidades, o reforço aos aspectos típicos e próprios de cada idade de formação (infância, adolescência, juventude, fase adulta), a abertura da escola para a comunidade, o reconhecimento da escola como espaço de formação geral e específica.

Nesse sentido, podemos dizer que o Programa Escola Plural acolhe e propõe transformar em ação viável o que já era próprio do movimento docente, das reivindicações e das elaborações que havia alguns anos em debate nos congressos, nas lutas sindicais e nas elaborações, que pode ser expresso nas palavras de Paulo Freire:

> Sonhamos com uma escola pública capaz, que se vá constituindo aos poucos num espaço de criatividade. Uma escola democrática em que se pratique uma pedagogia da pergunta, em que se ensine e se aprenda com seriedade, mas em que a seriedade jamais vire sisudez. Uma escola em que, ao se ensinarem necessariamente os conteúdos, se ensine também a pensar certo. (FREIRE, 1995, p. 24)

Miguel Arroyo expôs o seu "medo" de escrever sobre alguns aspectos que compõem o Programa Escola Plural, para que não se tornasse um modelo, entendendo a necessária perspectiva dinâmica dessa visão da educação. Suas escritas sobre as mudanças e projetos pedagógicos em debates e práticas desde os anos oitenta se voltam especialmente para os sujeitos da educação, docentes e discentes: "É necessário recuperar os sujeitos tão centrais nas matrizes mais perenes da teoria pedagógica" (ARROYO, 2000, p. 10).

Miguel Arroyo (2000) destaca também que "o mérito da Escola Plural tem sido sintonizar-se com o movimento de renovação pedagógica e com o movimento social e cultural", entendendo que nos movimentos sociais nas últimas décadas os mestres ocuparam espaços sociais e se "afirmaram como sujeitos políticos e também pedagógicos" (p. 11). Com a experiência da Escola Plural, estaríamos confirmando, então, estar o movimento docente muito à frente da docência como um todo.

Ou seja, o Programa considerou interlocutores, elaborou propostas, apresentou ao debate propondo uma construção coletiva de um conjunto de ações, pautadas no direito à escola, na construção de uma nova visão de conhecimento, podendo ser visto como uma tentativa histórica de efetivar um plano de ação para uma educação para todos no município de Belo Horizonte.

A necessidade e possibilidade de *flexibilização das estruturas escolares* pode ser considerada como um outro legado que tem forte referência na proposta da Escola Plural, certamente o primeiro Programa de uma rede de escolas no País a propor os ciclos de idade de formação, a reorganização dos tempos e espaços curriculares, em procedimentos que flexibilizaram a seriação em todos os anos do Ensino Fundamental, afirmando a supremacia das ações dos coletivos docentes na escola e das equipes gestoras. Foi, efetivamente, o primeiro Programa nacional de rede de escolas a questionar a reprovação como meio de controle das aprendizagens, por entender ser esta vinculada a uma visão de "educação bancária", conceito freiriano já abordado e amplamente discutido no âmbito dos movimentos da educação, mas para o qual ainda não há reconhecimento social e não havia para ele uma proposta efetiva e prática. A Escola Plural mostrou caminhos para formar um sistema avaliativo ético e didaticamente construtivo, mais amplo, não unicamente na forma de verificação de memorização e aprendizagem, valorizando outras formas de expressão do conhecimento e das ações de aprendizagens dos educandos, mais plurais.

Devemos reconhecer, no entanto, que a proposta de flexibilização das estruturas do ensino teve vários entendimentos, com repercussões dentro e fora da escola. Entre eles, destacamos a relação professor-aluno, que ainda mais com uma sociedade mais democrática, com direitos para a infância e a juventude, colocou para o docente na sala de aula situações que demandavam muito mais diálogo do que se praticava até então. Exigiu do docente uma maior consciência de seu papel dirigente e não autoritário, de realizar mediações e construir caminhos, uma questão que merece longas construções objetivas e subjetivas. Colocou em contato professores e discentes com conhecimentos e comportamentos mais diferenciados, surgindo muitas situações de tensão. Essas questões também merecem estudos à parte.

Foram as práticas inovadoras já existentes em escolas da RME-BH que incentivaram e serviram de referência à elaboração propriamente do Programa, assim como os docentes dessas equipes e de grupos autônomos que se reuniam para discutir e planejar a ação escolar nos anos oitenta e noventa. A formulação do Programa Escola Plural levou em consideração as experiências que já existiam em muitas escolas, as opiniões e participação de docentes que já discutiam e desenvolviam práticas alternativas, especialmente de superação da rigidez das séries (portanto, dando mais tempo para as aprendizagens), de trabalho com temas e questões que tornavam o conhecimento científico mais compreensível e a construção de habilidades, ainda, de realização de avaliações qualitativas (Documento Diagnóstico, 1994, SMED-PBH). Como esses sujeitos docentes se colocaram durante a implantação da Escola Plural?

Explorando melhor esse tema, podemos considerar que os coletivos das escolas que eram consideradas avançadas, que desenvolviam práticas planejadas no sentido de equacionar a perspectiva bancária e excludente da escola, ficaram um pouco perdidos nos processos da implantação, muitas vezes não reconhecendo nas próprias propostas da Escola Plural aquelas que eram ditas como tendo sido referenciadas nas suas experiências. Por que isso ocorreu? Acreditamos que as propostas se tornaram institucionais, mais elaboradas, mais uniformes e abrangentes, portanto diferenciadas em relação ao que se praticava. A participação crítica e o baixo engajamento nas ações da Escola Plural nos anos 1995 e 1996 de coletivos que anteriormente desenvolviam práticas inovadoras explicita que, mesmo nessas escolas, havia coletivos diferenciados e que tiveram de se enfrentar. Pode-se dizer que a implantação da Escola Plural interrompeu um processo meio espontâneo, localizado, de elaboração curricular e do processo de trabalho docente a partir de grupos de interesse que se organizavam, constatando-se sua ocorrência na Rede de modo sazonal, ou seja, ocorria em certos períodos nesta ou naquela escola, dependendo da equipe dirigente e dos agrupamentos ali existentes. Mostra essa realidade que as práticas inovadoras eram desenvolvidas por agrupamentos docentes engajados e não dos docentes como um todo, em uma ou mais escolas. As análises de engajamento e resistências em processos educativos podem ajudar no entendimento dessa questão (Frade, 1993).

Também a Escola Plural deixa o legado de pensar a *educação democrática*, pensar uma sociedade democrática – ações em coletivos com tempos/espaços de discussões e elaborações permanentes, respeito ao outro nas suas identidades e diferenças, os sujeitos no centro (discentes – docentes), na constituição de coletivos por turmas nos ciclos por idade de formação, assim como dos coletivos de docentes dos ciclos, a relação profícua e de trocas com os pais dos estudantes e a comunidade como um todo, o envolvimento das organizações sociais com a escola. São propostas que implicam a comunidade educacional na formação dos educandos, que deixam um rastro de participação e engajamento que não era e nem é ainda típico em nossa sociedade. São ricas propostas que requerem amadurecimento de cada um, percepção das possibilidades e dificuldades, rompimento de barreiras diversas.

No sentido da educação democrática, ainda poderia se questionar a implantação da Escola Plural de modo generalizado como um caminho imposto pelos governantes, não democrático, como muitas vezes se levantou. Mesmo sendo a nossa opinião favorável ao caminho da construção gradual do Programa e não geral como ocorreu, é importante que se destaque que a posição de implantação geral tinha como base uma perspectiva de apresentação de princípios e orientações gerais, devendo cada Unidade Escolar e agrupamento docente desdobrar, desenvolver, adaptar, propor, modificar, discutir; enfim, havia abertura a que se discutissem as ações e encaminhamentos, desde que sob o princípio da ética, da inclusão e formação plural.

Acreditamos poder analisar que a dificuldade de entendimento da lógica democrática de implantação não está na ideia da implantação geral propriamente, mesmo que assim se expressasse. Acreditamos que as críticas e argumentos contrários à implantação geral, especialmente aquelas vindas de parcelas dos docentes, expressavam dificuldades em desenvolver o que era proposto, pois as mudanças pensadas na Escola Plural eram muito profundas, requerendo múltiplas experimentações e elaborações. Muitos e muitos foram os coletivos que entraram na lógica proposta e desenvolveram práticas extremamente positivas dentro dos princípios do Programa, se propuseram e aprenderam, buscaram respostas em formulações locais e criativas.

Juarez Valadares (2008) analisa que um Programa pautado na construção coletiva toma o diálogo com os profissionais como um caminho chave e, exatamente por isso, pode resultar em concordâncias e discordâncias. Assim sendo, tal caminho difere do caminho tradicional de definição e imposição de políticas, de modo que, nessa visão, estava aberta a possibilidade de concordar e realizar, como também de discordar, de não realizar. Concordamos com Paulo Freire:

> Numa perspectiva realmente progressista, democrática e não-autoritária, não se muda a *cara* da escola por portarias. Não se decreta que, de hoje em diante, a escola será competente, séria e alegre. Não se democratiza a escola autoritariamente. A

> administração precisa testemunhar ao corpo docente que o respeita, que não teme revelar seus limites a ele, corpo docente. A administração precisa deixar claro que pode errar. Só não pode é mentir. (FREIRE, 1995, p. 25)

Acreditamos poder dizer, exatamente porque nossa convivência foi tão próxima, que a implantação geral da Escola Plural tinha uma intenção sincera de cumprir o dever do Estado, fazendo a proposta certa e não perdendo a oportunidade de realizar um grande sonho de dar passos decisivos para uma escola pública democrática. Entretanto, esse caminho foi entendido por grande parte dos docentes como um projeto imposto. Era preciso ter lhes dado um tempo maior para as construções requeridas.

Outra questão que ocorreria numa implantação geral ou gradativa diz respeito a orientações da Escola Plural pelas equipes dirigentes da SMED para as escolas municipais, pois as ideias e orientações que especificavam procedimentos ou definiam conteúdos/competências mais específicas para cada ciclo ficaram em aberto, gerando muitas dúvidas sobre os procedimentos cotidianos a adotar. Logo, também a perspectiva mais dialogal e democrática, acreditando numa interlocução e construção coletiva, ocorreu com orientações muito genéricas pela SMED, esperando que os docentes e diretores realizassem inúmeras reformulações, mas estes não podiam parar, já que o cotidiano de uma escola é altamente exigente, o que também levou a dificuldades, sem falar que talvez os docentes não estivessem preparados para isso.

Ou seja, por se tratar de uma implantação tão ampla, com equipes e situações diferenciadas nas escolas, com milhares de docentes e discentes, qualquer que fosse a lógica de implantação, haveria necessidade de indicar mais orientações, e não apenas formulações gerais veiculadas pelos cadernos, que a equipe dirigente principal não aceitava fazer.

Outro importantíssimo legado da Escola Plural diz respeito à *formação em serviço como um direito dos profissionais*. A RME-BH já vinha dando passos nesse sentido, com movimento docente forte, como já dito, com a formação de agrupamentos diversos que tinham vida própria nas escolas, independente da estrutura escolar, com o CAPE e com contundente participação no Governo e na elaboração da Proposta Pedagógica no período. Efetivamente, a Escola Plural instituiu a formação em serviço, criando e assumindo um tempo e um espaço no cotidiano da escola.

Aqui merece destaque dois aspectos suscitados pela Escola Plural e que se relacionam: o primeiro, a proposta de uma maior participação dos docentes nas decisões da escola, nos coletivos dos ciclos, turnos, colegiados, coordenação pedagógica e direção; o segundo, a proposta de formação em serviço com um tempo de estudo e planejamento dentro da jornada de trabalho, assumido individual e coletivamente.

Num primeiro momento, os tempos criados na escola na jornada de trabalho docente e a prática de formação em serviços foram desafios, pois inúmeros casos ocorriam de serem esses momentos mais dedicados a recados administrativos ou com outras atividades. Estava plantada com a Escola Plural, contudo, a possibilidade de uma reflexão/gestão coletiva da prática e da formação em serviço. O processo formativo dos docentes "leva a uma maior segurança e à conseqüente defesa da especificidade de seu saber-fazer, de seu oficio" (ARROYO, 2000, p. 24).

A implantação da Escola Plural proporcionou no âmbito da formação docente inúmeras discussões sobre a escola, a sociedade, as práticas e propôs questões de fundo, como avançar na relação teoria-prática, a crítica à perspectiva propedêutica da escola básica, a importância de uma formação que faça sentido para o educando em contraposição a uma lógica "bancária", o projeto curricular construído coletivamente, a pedagogia de projetos, as perspectivas da avaliação qualitativa etc. Como Paulo Freire (1995), podemos expressar o entendimento desses temas e a valorização das reflexões e estudos para uma prática consequente:

> Prática-teoria, saber popular-conhecimento científico, trabalho manual-trabalho intelectual, cultura-natureza, consciência-mundo, leitura da palavra-leitura do mundo são alguns dos indicotomizáveis que costumamos separar de maneira formal e mecânica.
>
> Sem teoria, na verdade, nós nos perdemos no meio do caminho. Mas, por outro lado, sem prática, nós nos perdemos no ar. Só na relação dialética, contraditória, prática-teoria, nós nos encontramos e, se nos perdermos, às vezes, nos reencontramos por fim. (FREIRE, 1995, p. 135)

Nesse sentido, também no acolhimento de questões presentes em movimentos sociais pela educação pública e democrática, a Escola Plural pensa numa docência consciente, coletiva e compartilhada na gestão escolar. A visão do Programa vai ao encontro da produção acadêmica crítica, no entendimento de que o docente também constrói conhecimento na sua prática pedagógica. Nesse sentido, propôs criar coletivos de estudos e planejamentos conjuntos, criou tempos especiais para isso dentro da jornada de trabalho, com tempo remunerado para estudo e planejamento, ampliou as equipes, reforçou processos democráticos de eleição de coordenações e direções, envolvendo a comunidade escolar como um todo.

Nesse entendimento, efetivamente a Escola Plural procurou reforçar o docente como um sujeito que constrói conhecimento na e a partir de sua prática pedagógica, desdobrando-se a *ideia da pesquisa* da prática, na sala de aula, nas coordenações pedagógicas, nas ações gerais da escola com a comunidade, na gestão escolar e das escolas. Reforçar o docente como sujeito consciente de sua prática, que elabora sobre sua ação coletivamente e participa da gestão, é uma transformação muito grande da ação docente, historicamente falando. Não se pode dizer que todos os docentes entenderam, concordaram ou estavam dispostos a isso, mas sim um grande número, o que foi também um fator de tensão nos processos de desdobramentos do Programa. Sabe-se que tudo isso que passou a ser esperado do docente também requer condições materiais na escola, incentivo salarial e uma prática de construção que a Escola Plural não teve tempo de fazer.

Importante se torna destacar que todos os que viveram o período podem afirmar que a escola se abriu para múltiplas e variadas metodologias de ensino, de uso de recursos didáticos, como salas-ambiente, uso de jogos, da articulação do entorno com a escola, de valorização das artes, das tecnologias, elementos já em uso e presentes nas práticas que podem ser consideradas mais organizadas e avançadas na história das escolas municipais. As tecnologias, no entanto, tiveram presença muito tímida e só recentemente ganham maior vulto na prática pedagógica.

A Escola Plural deixa um legado de contribuição diante das discussões sobre *qualidade da educação*, oferecendo novos elementos e argumentos para se contrapor a propostas da "qualidade total", uma visão mercadológica da educação. Pergunta-se, então: qual o conceito de qualidade? Qualidade para quem? Será a cultura dominante – e a seleção para o currículo escolar que se faz a partir dela – o único critério de definição da qualidade para a educação pública?

Há muito debate, estudo e pesquisa a se fazer nesse tema, mas o que queremos destacar é que a universalização da educação básica – ou seja, todos na escola com uma formação adequada, que amplie socialmente as possibilidades dos sujeitos sociais – obriga a que se pense e aceite projetos diferenciados e, portanto, não se pode pautar numa visão unitária que defina "a qualidade", entendida como aquisição de conhecimentos científicos únicos e comuns. A escola pública no Brasil tem sido um lugar das camadas sociais mais diversificadas econômica e culturalmente, então: qual é o projeto de educação básica que acolhe as diferenciações sociais, favorecendo trajetórias diferenciadas para o desenvolvimento realmente democrático de uma sociedade pautada nos princípios e direitos para todos?

A Escola Plural, então, deixa como seu maior legado a colocação em público da possibilidade de construir socialmente um projeto de escolarização para todos, com alegria de ensinar e aprender, de reconhecer nos educandos sujeitos do prazer em conviver, investigar, satisfazer curiosidades, de vivenciar culturalmente a sua própria formação. Paulo Freire apostava na alegria, na amorosidade e na criatividade da prática educativa. Dizia: "nos engajamos na luta por uma escola competente, democrática, séria e alegre" (FREIRE, 1995, p. 35).

Considerações finais: perspectivas

O que pretendemos, nessas sínteses de debates sobre os legados da Escola Plural, passados agora quase vinte anos de sua implantação, foi destacar aspectos que possam se somar a outros para compor uma análise global.

A Escola Plural pode ser considerada parte de um movimento docente maior, novamente citando as palavras de Arroyo, "movimento de renovação pedagógica", que reuniu corajosamente num Programa de Governo um conjunto de iniciativas que vinham sendo debatidas por setores mais engajados numa perspectiva de transformação democrática e social. A prática da Escola Plural surpreendeu até mesmo seus maiores defensores, pois em um movimento de mudanças seus protagonistas também se formam nas suas próprias ações de mudança, é um movimento, não foram formados para tal, trata-se de executar ações de ousadia que não foram antes realizadas. Podemos entender hoje que a mudança da estrutura escolar é algo muito mais complexo e que a Escola Plural deve ter significado um pequeno passo nessa história, expressando uma possibilidade de construção coletiva rumo a uma escola pública democrática.

Questões de ordem política geral não podem ser desconsideradas, ao contrário, pois toda a conjuntura local e geral teve forte influência nos desdobramentos. "Todo projeto pedagógico é político e se acha molhado de ideologia. A questão, a saber, é a favor de quê e de quem contra quê e contra quem se faz a política de que a educação jamais prescinde" (FREIRE, 1995, p. 45). Por isso é que foi no âmbito de um Governo com viés democrático que tais ideias foram possíveis de ser tratadas, não sem divergências e debates internos e externos.

A Escola Plural rompe com a ideia de escola única e contribui efetivamente para um período histórico, que se mostra longo e complexo, de construção de outro modelo de educação básica no Brasil. Esse processo se inicia nos anos mesmos da ditadura militar, amplia-se nos anos da constituinte nacional e da elaboração da lei de diretrizes e bases da educação, mostrando-se fortemente imbricado com o momento do desenvolvimento social mais geral, no qual há mais espaços democráticos, ampliação dos direitos. Não se pode esquecer, contudo, que tudo isso se dá ao mesmo tempo que permanece uma situação muito forte de divisão social e de pobreza para grandes contingentes da população.

O modelo de desenvolvimento do País e também da educação tem fortes referências numa lógica de mercado, preceitos do sistema capitalista atualmente. A Escola Plural propunha ações numa perspectiva contrária, crítica e humanista, o que provocava e instigava muitos conflitos.

A "escola única" tinha/tem um modelo coerente, pois na organização seriada o conhecimento está organizado de modo compartimentado e distribuído em bimestres, semestres e anos; o professor é o detentor do saber e transmissor, o aluno o receptor; eventuais projetos e ações culturais enriquecem a formação, mas são extraordinários; a avaliação classificatória atesta a qualidade da ação desenvolvida e justifica a seletividade dos estudantes que pode se realizar a partir daí. É um modelo que sofre pequenas variações, mas pode ser assim descrito, mostrando-se enraizado na subjetividade social. Nos anos mais recentes, então, muito mais incentivado com abonos e pagamentos por "produtividade".

A "escola para todos", que se pretende inclusiva, democrática, sociocultural, não discriminatória, alegre, prazerosa e eficiente está em construção na sociedade, vem apresentada como um projeto de setores organizados e comprometidos com uma mudança, mas ainda é um projeto de um grupo minoritário, no sentido de proporcionar com a educação que os educandos tenham um conhecimento de si, do meio e de se formar como um sujeito crítico. É um modelo que se vincula a uma visão e perspectiva de sociedade democrática, humanista e não mercadológica. É um modelo que requer muitos estudos, pesquisas, construções práticas e novas aprendizagens.

É possível observar nos posicionamentos dos docentes uma relação dúbia com os princípios da Escola Plural: de defesa das ideias e de crítica da prática! Aprende-se com a experiência que os docentes constituem-se em coletivos que tanto incentivam e desenvolvem transformações que a educação requer quanto resistem e as impedem. Mas sem os docentes não se pode realizar mudanças na escola. Paulo Freire (1995) fala em convencer e até mesmo em "converter" os professores para o projeto inovador que se implantar.

A experiência da Escola Plural acolheu e propôs a realização de um propósito de transformação de muitos coletivos, mas o processo confirma ser complexa a transformação real. Apesar e por tudo isso, os discentes hoje vão à escola e estão mais conscientes de seus direitos, as famílias das camadas populares participam mais e novas construções são requeridas.

Podemos dizer que o movimento Escola Plural deixa ensinamentos que não poderão nunca ser esquecidos, marcando seu tempo com o que havia mais ousado no momento histórico, especialmente porque vivido em coletivos.

A história sempre segue, os projetos, as ações políticas e pedagógicas têm sido muitas e variadas nos anos que se passaram à implantação da Escola Plural até os dias atuais. Os coletivos docentes se reorganizam, as direções se recompõem, novos estudos e pesquisas prosseguem, agora com outros desafios, pois o "movimento de renovação pedagógica" e as buscas por mudanças continuam.

Referências

ARROYO, Miguel. *Imagens quebradas*: trajetórias e tempos de alunos e mestres. Petrópolis, RJ: Vozes, 2010.

ARROYO, Miguel. *Ofício de Mestre*: imagens e auto-imagens. Petrópolis, RJ: Vozes, 2000.

CURY, Carlos Roberto Jamil. *Os fora de série na escola*. Campinas, SP: Armazém do Ipê (AA), 2005.

DALBEN, Ângela Imaculada Loureiro. *Avaliação escolar*: um processo de reflexão da prática docente e da formação do professor no trabalho. Tese (Doutorado) – UFMG, PPG Educação-FaE, Belo Horizonte, 1998.

FACULDADE DE EDUCAÇÃO DA UFMG. *Avaliação da implementação do projeto político-pedagógico Escola Plural*. Belo Horizonte, jun. 2000.

FRADE, Isabel Cristina A. da Silva. *Mudança e resistência à mudança na escola pública*: análise de uma experiência de alfabetização construtivista. Dissertação (Mestrado) – UFMG, PPG-Educação da Faculdade de Educação, 1993.

FREIRE, Paulo. *A educação na cidade*. 2. ed. São Paulo: Cortez, 1995.

MIRANDA, Glaura Vasquez de. Escola Plural. *Estudos avançados*, 21, (60), (2007). Disponível em: <http://www.scielo.br>. Acesso em: jan. 2012.

PREFEITURA MUNICIPAL DE BELO HORIZONTE. *Escola Plural*: proposta político-pedagógica da Rede Municipal de Belo Horizonte. Secretaria Municipal de Educação, 1994.

SOARES, Cláudia Caldeira. *Construindo a Escola Plural*: a apropriação da Escola Plural por docentes do 3º Ciclo do ensino fundamental. Dissertação (Mestrado) - UFMG, PPG-Educação-FaE, Belo Horizonte, 2000.

VALADARES, Juarez Melgaço. *A Escola Plural*. Tese (Doutorado) - FEUSP, São Paulo, 2008.

AVALIAÇÕES SISTÊMICAS: COMO UTILIZAR OS DADOS PRODUZIDOS?

SIMONE DE ASSIS COSTA

Introdução

Com a nova Constituição da República em 1988, a maior preocupação das políticas educacionais nos primeiros anos da década de 1990 foi no sentido de buscar soluções que viabilizassem o acesso e a permanência de todas as crianças na escola. Nesse sentido, vários projetos foram criados nos municípios brasileiros, e Belo Horizonte, buscando efetivar seu compromisso com uma educação pública, democrática e de qualidade, assumiu como programa de governo a construção de uma proposta político-pedagógica intitulada Escola Plural. O projeto foi aprovado no Conselho Estadual de Educação, desde que passasse por uma avaliação externa após um período de quatro anos de sua implementação.

Em 1999, após quatro anos da implementação do Projeto Político-Pedagógico Escola Plural, a Secretaria Municipal de Educação de Belo Horizonte (SMED-BH), em parceria com a Prefeitura Municipal, a Fundação Ford e o Grupo de Avaliação e Medidas Educacionais (GAME), da Faculdade de Educação da UFMG, realizou uma pesquisa que continha informações qualificadas, análises rigorosas e conclusões consistentes a respeito de todas as transformações radicais ocorridas no cotidiano escolar a partir da implementação do projeto. As considerações finais da pesquisa apontaram, entre outras necessidades:

> Que a SMED adote procedimentos no sentido de avaliar os alunos da RME ou estruturar um sistema de avaliação dos alunos da Escola Plural, que contemple a questão do conhecimento e do seu uso social, segundo os princípios do programa. (GAME, 2000, p.113)

Essa recomendação surgiu do fato de a avaliação ter sido apontada, pelos profissionais da escola, como uma das dificuldades encontradas no seu cotidiano de trabalho. Objetivava também trazer maior tranquilidade à comunidade escolar, desmistificando a crença de que os alunos estavam terminando os ciclos sem os conteúdos escolares básicos, direcionar os processos de formação dos professores e permitir aprofundar as discussões sobre aquisição de conhecimentos na Escola Plural de forma mais consistente (GAME, 2000).

As avaliações externas nas escolas municipais de Belo Horizonte iniciaram-se em 2003, com a participação no Sistema Mineiro de Avaliação da Educação Pública (SIMAVE). Desde então, a Secretaria Municipal de Educação de Belo Horizonte (SMED-BH) tem participado de programas de avaliação de desempenho escolar (SAEB, SIMAVE e PROVA BRASIL), produziu também um programa próprio de avaliação externa intitulado "Avalia BH", tem investido no levantamento de informações sobre o funcionamento das escolas (Sistema de Gestão Escolar) e organizado ações de acompanhamento pedagógico que têm por desdobramento, entre outros, a produção de informações sobre os projetos e processos pedagógicos das escolas.

Os resultados alcançados nas primeiras avaliações indicavam que uma parcela significativa dos alunos da rede municipal tinha deficiências básicas na alfabetização. O desafio que se apresentava, após um grande avanço na universalização do ensino nos anos 1990, era melhorar o nível de aprendizado dos alunos das escolas da rede. A situação desencadeou várias iniciativas, entre elas o levantamento de dados e indicadores educacionais sistematizados para acompanhar e avaliar a política educacional e o desempenho dos alunos.

Na busca por analisar dados de maneira mais contextualizada com a realidade de cada escola, a SMED, em parceria com o Grupo de Avaliação e Medidas Educacionais (GAME), da Universidade Federal de Minas Gerais, procurou levar em conta que há muitos fatores externos às escolas que impactam o desempenho dos alunos, dentre os quais destaca-se o seu nível socioeconômico (NSE). Por isso, utilizou um indicador de NSE, para analisar os dados de desempenho cognitivo dos alunos da rede municipal de Belo Horizonte, criando um Grupo Referência para cada escola. Este grupo é composto de escolas com NSEs semelhantes. Desta maneira, seria possível estabelecer comparações mais justas entre as escolas, considerando as condições sociais de seus alunos. O levantamento dessas informações foi apresentado em um documento produzido pelo GAME, intitulado "Contribuições do GAME para análise dos resultados do SIMAVE e da ANRESC/PROVA BRASIL" (2006), e foi entregue a cada escola municipal de Belo Horizonte.

Apesar desses esforços e de um pequeno avanço no desempenho dos alunos, os resultados nas avaliações posteriores continuavam desanimadores. O GRÁF. 1 mostra que, na média, menos de 50% dos alunos atingiram o nível recomendado para a etapa de formação na avaliação do PROALFA em 2008 e 2009.

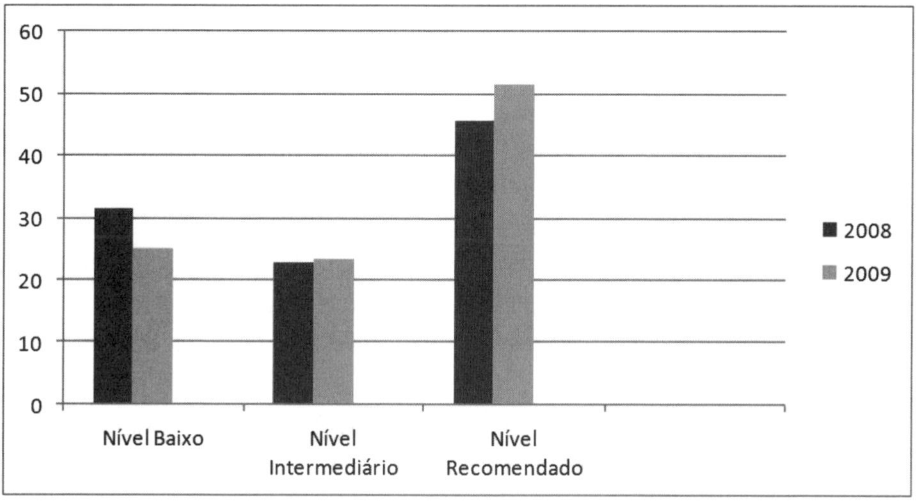

GRÁFICO 1 – Distribuição de alunos por nível de proficiência em 2008/2009 (%)
Fonte: <http://www.simave.caedufjf.net/proalfa/resultadosescala/>.

Assim, no ano de 2009, a nova Administração na Prefeitura de Belo Horizonte e na Secretaria de Educação, com o intuito de acabar com a imagem negativa que as escolas públicas municipais tinham por grande parte da população e buscando melhorar a qualidade do ensino, pôs fim ao Programa Escola Plural e deu início ao Programa BH Metas e Resultados, que consiste num "novo modelo de gestão estratégica com uma permanente avaliação dos resultados das políticas públicas, dos programas e dos projetos em andamento".[1]

1 PREFEITURA MUNICIPAL DE BELO HORIZONTE. *Plano Estratégico BH Metas e Resultados*, 2009. Disponível em: <http://www.bhmetaseresultados.pbh.gov.br>. Acesso em abril de 2011. Ver também PREFEITURA MUNICIPAL DE BELO HORIZONTE Plano estratégico de Belo Horizonte 2030: A Cidade que queremos. 2ª versão. P. 38. Disponível em: < https://bhmetaseresultados.pbh.gov.br/sites/all/themes/metas/pdf/planejamento_2030.pdf >

Esse programa contém 12 Áreas de Resultados, e a Educação apresenta-se como a área de interesse deste estudo. De acordo com as informações postadas no *site* da Prefeitura de Belo Horizonte, a preocupação com o avanço na qualidade e na escolaridade dos alunos da rede municipal é o elemento central da Estratégia de Desenvolvimento da Cidade. O texto postado defende a ideia de que "as oportunidades de desenvolvimento das cidades dependerão, progressivamente, do nível do seu capital humano, expresso pelo nível de escolaridade de seus habitantes e pela qualidade do sistema de ensino a que têm acesso".[2]

A partir desse programa, a SMED-BH tem realizado diversas ações que atingem diretamente a escola, como: qualificação de professores visando aprimorar o conhecimento dos conteúdos curriculares; enfraquecimento da gestão democrática a partir de orientações rígidas na construção do calendário escolar, dos Projetos Político-Pedagógicos e Regimento Escolar; criação do Programa de Reforço Escolar em Língua Portuguesa e Matemática; criação do Programa Saúde na Escola; volta do Boletim Escolar; edição e distribuição a todos os professores das Proposições Curriculares; retenção dos alunos, ao final do ciclo, considerando a aprendizagem estabelecida para aquela etapa; implementação de uma avaliação externa intitulada "Avalia BH", com o objetivo de monitorar o desempenho dos alunos; reunião de diretores com apresentação dos resultados nas avaliações; entre outras.

Além disso, podemos acreditar que existe uma intenção da Administração Pública de implementar políticas de responsabilização dos profissionais da educação a partir dos resultados alcançados nas avaliações externas. Essa intenção pode ser percebida no texto da Lei nº 9.963, de 25 de agosto de 2010, que dispõe sobre as diretrizes para a elaboração da Lei do Orçamento Anual de 2011. Em seu artigo 2º, inciso VI, a lei estipula: "qualificação e valorização do servidor público municipal, por meio de uma política sustentada de recomposição salarial e com a implantação gradual da bonificação por cumprimento de metas e resultados".

Ainda que essa intenção não se concretize, o simples fato de tornar públicos os resultados das avaliações externas, sem levar em conta o desempenho prévio dos alunos nem suas condições socioeconômicas, gera uma classificação das escolas que não pode ser considerada adequada quando se quer medir a contribuição da escola na aprendizagem de seus alunos (LEE, 2004). Para a autora, os professores ou a escola só poderão ser responsabilizados, tanto pelos pais quanto pela administração escolar, pelo quanto o aluno aprende enquanto frequentou

[2] *Idem.*

aquela determinada escola e, para se obter essa medida, é necessário medir o mesmo aluno em intervalos regulares, ou seja, é preciso planejar programas de estudos longitudinais em lugar dos testes transversais, como tem sido feito atualmente em Belo Horizonte.

Apesar de todos os esforços e de um pequeno avanço no desempenho dos alunos, os resultados nas avaliações após a "Escola de Metas e Resultados" continuam desanimadores. O GRÁF. 2 mostra que, na média, pouco mais de 60% dos alunos atingiram o nível recomendado para a etapa de formação na avaliação do PROALFA em 2010, 2011 e 2012.

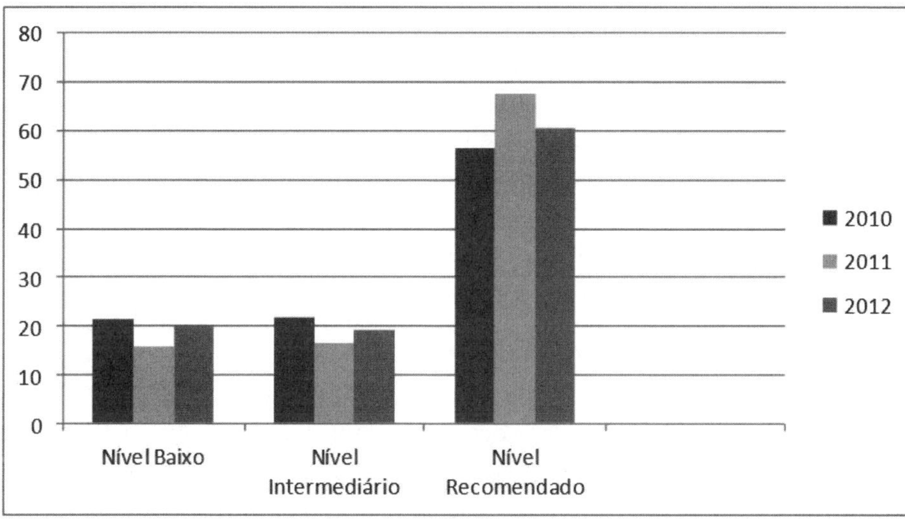

GRÁFICO 2 – Distribuição de alunos por nível de proficiência em 2010/2011/2012 (%)
Fonte: <http://www.simave.caedufjf.net/proalfa/resultadosescala/>.

É nesse cenário que este estudo vem contribuir, na intenção de propor uma alternativa mais justa de verificar o desempenho das escolas levando em consideração os fatores externos que influenciam na aprendizagem do aluno. Apesar do levantamento do NSE das escolas, feito em 2006, como dito anteriormente, atualmente as tendências das políticas educacionais em Belo Horizonte vêm considerando os resultados brutos das avaliações sistêmicas, sem analisar o contexto da escola ou dos estudantes. Várias pesquisas (WILLMS, 2008; DEARING, 1993; SOARES *et al.*, 1998) já apontaram os riscos de se utilizarem os resultados médios de cada escola para classificá-las. O maior deles seria desconsiderar a influência do nível socioeconômico e do *background* familiar no desempenho dos alunos. As escolas que tiverem um grupo de alunos com alto desempenho tenderão a ser consideradas eficazes apenas por esse motivo, enquanto escolas com alunos menos favorecidos poderão sentir-se desmoralizadas, sem que haja qualquer responsabilidade nos resultados.

Estudar a realidade educacional sem considerar o NSE dos estudantes é, no mínimo, uma maneira superficial e injusta de se pensarem políticas de responsabilização. Como metodologia alternativa, sugere-se que uma medida de valor agregado seja feita de forma repetida ao longo de alguns anos. Podemos definir valor agregado, por exemplo, em Goldstein (2001), como o quanto cada escola contribui, com suas práticas e processos internos, para o desempenho dos alunos.

O grande desafio para o cálculo do valor agregado consiste na obtenção dos dados necessários. São necessárias duas bases de dados articuladas: uma medida individual de desempenho do aluno anterior ao ingresso na escola, uma vez que este influencia o desenvolvimento posterior dos alunos, e uma medida de desempenho do mesmo aluno após um ou mais anos na escola. Ou seja, uma medida de qualidade na entrada e outra na saída do período que se pretende medir (SOARES *et al.*, 2001).

Neste trabalho, calculou-se o valor agregado em leitura das Escolas Municipais de Belo Horizonte. Como medida de desempenho prévio dos alunos foram utilizados os resultados individuais dos alunos no PROALFA 2007 e os resultados em Língua Portuguesa desses mesmos alunos na Avalia BH 2009, como medida final. Comparando esses resultados, foi aferido um valor de desempenho que pode ser atribuído à escola, após levar em consideração o nível socioeconômico das escolas.

Este trabalho está estruturado da seguinte forma: na próxima seção, são fornecidas informações sobre a Avalia BH. Em seguida, a metodologia utilizada pela SMED-BH na avaliação das escolas municipais é analisada criticamente e apresentada a metodologia baseada no valor agregado. Posteriormente, descreve-se a base de dados e as variáveis utilizadas na pesquisa. Na quinta seção, é realizada uma análise descritiva dos resultados de valor agregado das escolas. Ao final, são apresentadas as conclusões da pesquisa.

A Avalia BH

A Avaliação do Conhecimento Aprendido (Avalia BH) é o sistema de avaliação da educação fundamental da Rede Municipal de Belo Horizonte. Essa avaliação teve sua primeira experiência em 2008, entretanto, só se consolidou a partir da criação do Projeto Básico formulado pela Secretaria Municipal de Educação/Gerência de Avaliação de Políticas, em 2009.

De acordo com o texto do projeto (Projeto Básico Avalia BH, 2009), o objetivo é avaliar, anualmente, o desempenho em Língua Portuguesa e Matemática dos alunos do 3º ao 9º anos do ensino fundamental mediante testes de proficiência e, conjuntamente, identificar os fatores que influenciam na aprendizagem escolar a partir de questionários contextuais aplicados aos alunos, professores, coordenadores pedagógicos e diretores.

O projeto pretende ainda, com os dados coletados, gerar informações importantes para a formulação e a redefinição de políticas públicas educacionais, contribuir para a tomada de decisões pedagógicas e gerenciais e formular novos indicadores educacionais que possibilitem a elaboração do Plano de Desenvolvimento da Escola (PDE) e o monitoramento da aprendizagem escolar, do trabalho pedagógico e da gestão escolar.

Metodologia de avaliação das escolas e o valor agregado

As escolas municipais de Belo Horizonte são inclusivas e possuem professores escolhidos exclusivamente por concurso público, têm boas condições físicas e materiais, mas lidam com um público bastante diverso em relação ao nível socioeconômico. Ou seja, apesar da igualdade das escolas no que diz respeito aos insumos e à organização estrutural e administrativa, o nível socioeconômico (NSE) do público é bastante divergente entre as escolas. O NSE das escolas foi medido a partir da média do NSE de todos os seus alunos. Este, entretanto, foi calculado, pela última vez, a partir das respostas dos alunos ao questionário socioeconômico que acompanhou os testes do Programa de Avaliação da Rede Pública de Educação Básica (PROEB), no ano de 2006. Esse questionário produziu um índice de NSE relacionado à escolaridade dos pais e ao padrão de consumo da família. Utilizou-se uma escala de 1 a 10, na qual 1 representa o nível socioeconômico menor. As escolas recebem alunos, na maioria das vezes, da própria comunidade e, dessa forma, cada escola possui um NSE bem específico da região a que pertence. Existem escolas que possuem medida de NSE 10, enquanto outras possuem NSE 1.

Mesmo com toda essa diferença de público entre as escolas, a SMED-BH utiliza os resultados brutos para pensar políticas de melhoria de qualidade e equidade para as escolas municipais. E, ainda, todas as escolas devem seguir as mesmas regras estabelecidas para a rede municipal em sua organização e práticas pedagógicas.

No I Fórum de Diretores do ano, realizado em 11 de abril de 2011, foram apresentados os resultados alcançados na Avalia BH de 2010. De acordo com a fala da secretária municipal de Educação durante o evento, "Os resultados nos permitem organizar todo o processo de acompanhamento individual (dos estudantes) [...] Uma série de ações são feitas a partir dos resultados do Avalia BH".[3]

É importante ressaltar que, embora os alunos participem dessa avaliação desde 2009, como dito anteriormente, não existe nenhum estudo longitudinal dos dados por parte da Secretaria. De acordo com Soares (2004), as avaliações em larga escala realizadas atualmente no Brasil fornecem bons dados para o estudo do sistema educacional, porém devem ser considerados dados de desempenho e não de aprendizagem. Para se obter dados de aprendizagem é necessário acompanhar o desempenho dos alunos de cada escola, por meio de estudos longitudinais, uma vez que a aprendizagem é verificada pelo valor adicionado, medido pelo conhecimento que o aluno foi capaz de adquirir em um determinado tempo.

E, ainda, apesar de o texto do projeto e do próprio *site* da prefeitura ressaltar a importância dos dados contextuais –, "O sistema de avaliação, também denominado Avalia BH, realiza ainda pesquisas contextuais que buscam situar os resultados a partir de variáveis econômicas e sociais para melhor compreensão do desempenho dos alunos e das escolas" –,[4] não existe nenhuma política diferenciada para as escolas que possuem baixo NSE, nem são levados em consideração esses dados contextuais na apresentação dos resultados ao público.

Ora, se já se sabe da influência do NSE na aprendizagem dos alunos e se reconhece que o trabalho pedagógico com os alunos em condições de pobreza e/ou residentes em áreas de maior risco social é mais difícil, exigindo grandes esforços das equipes pedagógicas das escolas (WILLMS, 2008), estudar a realidade educacional sem considerar o NSE dos estudantes, como tem sido feito

---

[3] PREFEITURA MUNICIPAL DE BELO HORIZONTE. PBH apresenta resultados da Avalia-BH no primeiro Fórum de Diretores de 2011. Disponível em: < http://portalpbh.pbh.gov.br/pbh/ecp/noticia.do?evento=portlet&pAc=not&idConteudo=46081&pIdPlc=&app=salanoticias>. Acesso em: abr. 2011.

[4] Disponível em: <http://portalpbh.pbh.gov.br>.

atualmente pela SMED-BH, é, no mínimo, uma maneira superficial e injusta de se pensarem políticas de responsabilização. É necessário que a medida de valor agregado seja feita de forma repetida ao longo de alguns anos, de forma criteriosa, seja um instrumento para estudos adicionais antes de qualquer julgamento e, sobretudo, seja utilizada para incentivar, para repensar práticas, e não para punir ou premiar as escolas ou professores.

Dessa forma, o efeito que uma escola produz em seus alunos deve ser medido a partir do que ela acrescenta ao conhecimento deste, durante sua permanência na escola, e não pelo desempenho obtido em um determinado exame. O cálculo do valor agregado é feito a partir da comparação do desenvolvimento cognitivo do aluno ao ingressar na escola com o desenvolvimento atingido por ele ao final de um processo de aprendizagem. Dessa forma, é possível calcular o quanto esse aluno se desenvolveu durante sua permanência na escola (SOARES, 2001).

É nesse sentido que o presente trabalho utiliza a expressão "efeito escola" e ressalta que o nível de desempenho de uma escola depende, além de suas políticas e práticas pedagógicas, de fatores sociais e econômicos que fogem ao controle dos professores e administradores. Ao se fazer o controle pelas características individuais dos alunos, é possível identificar características e práticas escolares mais eficazes do que outras que ajudam o aluno a ultrapassar o efeito da desvantagem social.

Como a escala de proficiência do aluno no Proalfa é diferente da Avalia BH, foi necessário calcular uma proficiência esperada, a partir da primeira medida e controlada pelas características socioeconômicas dos alunos. Apesar de ser tecnicamente diferente do conceito de valor agregado apresentado neste trabalho, na prática o modelo de cálculo utilizado produz os mesmos resultados, pois permite comparar escolas com grupos de alunos diferentes.

O valor agregado será calculado a partir da aplicação de um modelo estatístico de regressão linear que, uma vez que permite considerar a variabilidade associada ao nível socioeconômico e ao desempenho prévio dos alunos, se mostra apropriada a este estudo.

Os dados utilizados

Os níveis de ensino do sistema municipal de educação de Belo Horizonte atualmente são distribuídos nos ciclos de aprendizagem, considerando o ensino fundamental com um tempo de nove anos e divididos da seguinte forma: o 1º ciclo compreende o ciclo da alfabetização, com duração de três anos, atende os alunos de 6, 7 e 8 anos; o 2º ciclo, também com duração de três anos, atende os alunos de 9, 10 e 11 anos; o 3º ciclo compreende os três últimos anos do ensino fundamental, atendendo alunos de 12, 13 e 14 anos. Os alunos progridem automaticamente de um ano para o outro, independentemente dos conhecimentos adquiridos, entretanto, diferentemente da Escola Plural, devem ser retidos ao final de cada ciclo se não alcançarem os conhecimentos considerados básicos para prosseguirem.

Como foi dito anteriormente, para a construção da medida de valor agregado, são necessárias duas medidas de desempenho individuais dos alunos das escolas que deverão ser estudadas. A SMED-BH possui esses dados para a medida de valor agregado a partir do 3º ano de ensino, uma vez que a Gerência de Avaliação de Políticas Educacionais (GAPED) preserva os resultados individuais dos alunos que participaram do PROALFA em 2007. Essa avaliação identifica as proficiências em Língua Portuguesa dos alunos ao final do 1º ciclo (ciclo da alfabetização) e se propõe como medida de entrada desses alunos no 2º ciclo. Para se obter os resultados de proficiência em Língua Portuguesa desses mesmos alunos, após dois anos na escola, pensou-se na Avalia BH 2009, por ser também a única avaliação externa que nos disponibilizaria os resultados individuais dos alunos.

Um estudo longitudinal sempre se depara com muitos desafios. O maior deles é encontrar os alunos estudados na primeira medida um ou dois anos depois, pois muitos mudam de escola, outros não comparecem no dia da avaliação, ou ainda foram retidos ao final do ciclo. Dessa forma, foi tomado o cuidado de buscar o maior número possível de alunos que participaram do PROALFA 2007, que se encontravam no 3º ano do 1º ciclo em 2007, em todos os níveis de ensino na Avalia BH em 2009, até o 2º ano do 2º ciclo. Ou seja, na avaliação de 2009 os alunos estudados foram procurados no 3º ano do 1º ciclo, no 1º ano do 2º ciclo e no 2º ano do 2º ciclo, de forma a garantir a recuperação de alunos que, porventura, houvessem sido retidos durante seu processo de escolarização.

No banco de dados do PROALFA 2007, foram identificados 13.728 alunos, entretanto, para este estudo, foram considerados apenas aqueles que estudavam em escolas que ofereciam o 2º ciclo em nível de ensino, os que participaram também da Avalia BH 2009 e os que permaneceram na mesma escola. A TAB. 1 mostra o número de alunos que preencheram esses critérios de análise.

TABELA 1

Total de alunos incluídos de acordo com a Avaliação e os critérios estabelecidos

PROALFA 2007	Escolas 2º ciclo	Avalia BH 2009	Mesma escola
13.728	13.320	10.292	9.529

O desempenho alcançado pelo aluno, em Língua Portuguesa, na Avalia BH 2009, foi tomado como a variável dependente. As variáveis consideradas como explicativas foram: o desempenho prévio, medido a partir da proficiência alcançada no PROALFA 2007, e o nível socioeconômico, coletado no Portal da Avaliação, no *site* da Prefeitura Municipal de Belo Horizonte. Após estabelecer a base de dados e as variáveis que a compõem, é importante observar como se distribuem os níveis socioeconômicos das escolas que serão determinantes nesta análise.

Análise dos dados

A distribuição das escolas de acordo com o NSE é bastante heterogênea. O GRÁF. 3 mostra esta distribuição entre as 134 escolas que fizeram parte da pesquisa.

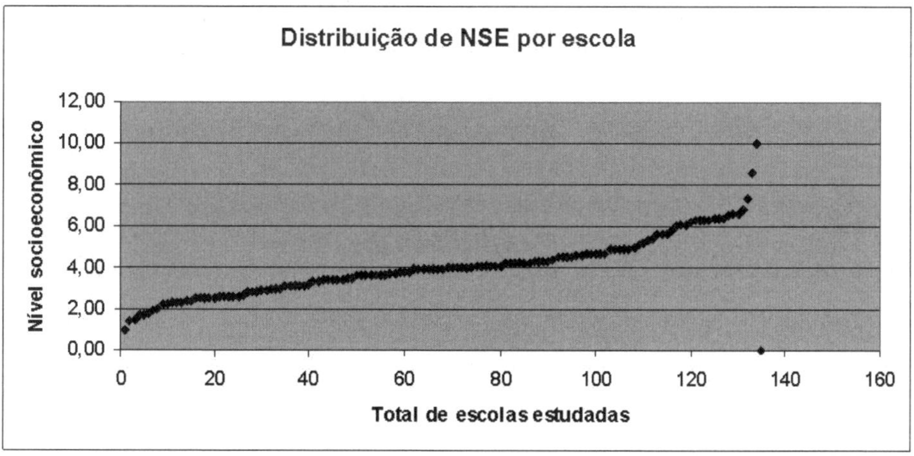

GRÁFICO 3 – Distribuição de NSE por escola

A medida de valor agregado foi calculada a partir das variáveis descritas acima e da utilização do programa SPSS Data Editor – metodologia estatística de análise de regressão linear. O cálculo foi feito da seguinte forma: após fazer a regressão, a partir do desempenho no PROALFA 2007, e obter a proficiência esperada para cada aluno, subtraiu-se esta da proficiência obtida na Avalia BH 2009, resultando em uma variável numérica, denominada "resíduo". Esse valor se mostrou positivo, em alguns casos e negativo em outros e determina o quanto cada aluno se desenvolveu durante sua frequência na escola. A partir daí, incluiu-se a variável NSE e fez-se o cálculo da média dos valores agregados a cada aluno, resultando na média de valor agregado de cada escola.

O valor agregado pelas escolas estudadas variou de 39,03 pontos negativos a 19,07 pontos positivos e demonstrou que algumas escolas, mesmo possuindo baixo NSE, conseguem resultados bem acima do esperado, levando em consideração o conhecimento prévio de seus alunos. Ou seja, agregam mais valor do que as escolas com alto índice de NSE, como podemos observar no GRÁF. 4.

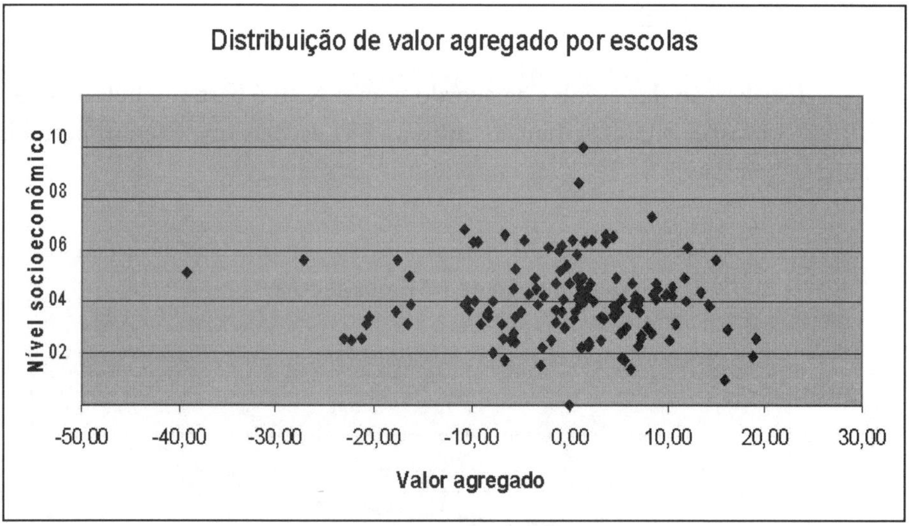

GRÁFICO 4 – Distribuição de Valor Agregado por escola

Ao observarmos o valor que cada escola agrega na aprendizagem de seus alunos, foi possível perceber também o quanto a classificação das escolas, a partir de seus resultados médios de proficiência, não se apresenta como uma medida justa de desempenho escolar. A TAB. 2 apresenta os resultados alcançados pelas escolas de NSE mais alto e mais baixo da rede municipal, considerando o valor agregado e as proficiências médias na Avalia BH 2009, apresenta ainda a classificação dessas escolas a partir de cada um desses valores.

TABELA 2
Proficiência média, valor agregado e classificação: escolas selecionadas

Escola	Proficiência Média	Valor Agregado	Classificação por Proficiência	Classificação por Valor Agregado	NSE
1	233,50	1,29	1º	66º	10
2	179,77	15,89	122º	4º	1

Uma vez que a proficiência considerada satisfatória, na escala da Avalia BH, seria na faixa de 200 pontos, é importante ressaltar que, apesar de agregar muito valor, a escola 2 ainda não alcançou uma qualidade capaz de promover a equidade ou, em outras palavras, ela diminui as desigualdades sociais, mas não a ponto de levar seus alunos a um nível de conhecimento equiparado ao nível dos alunos mais favorecidos socialmente.

Este trabalho apresentou apenas algumas possibilidades de análise dos dados que foram produzidos. Entretanto, o banco de dados completo apresenta-se como um instrumento rico de informações, pois contempla um estudo longitudinal do desempenho dos alunos ao longo de três anos e permite relacionar esse desenvolvimento a vários fatores, tais como: repetência, permanência na mesma escola, nível socioeconômico, número de alunos por escola, entre outras possibilidades. O banco de dados produzido pode também ser analisado por regional, por turmas dentro de uma escola e por aluno individualmente. Dessa forma, torna-se um instrumento capaz de viabilizar a construção de indicadores de qualidade das escolas municipais de Belo Horizonte e pensar políticas públicas específicas para cada uma delas.

Conclusões

De acordo com Castro e Carnoy (1997), para que uma política educacional tenha efeitos positivos na qualidade do ensino, é necessário que os principais sujeitos envolvidos, essencialmente os professores, tomem essas iniciativas como suas. Para os autores, os modelos de políticas de responsabilização atuais não alcançam o efeito desejado porque partem do pressuposto de que os administradores escolares e os professores "sabem" como melhorar a aprendizagem de seus alunos e só não o fazem por falta de incentivos. Entretanto, mesmo havendo esforços significativos por parte das escolas e dos professores, as avaliações externas só servirão para melhorar a aprendizagem dos alunos se "os analistas locais souberem usar ou estiverem dispostos a usar os dados fornecidos pelos testes para saber por que certas escolas têm melhor desempenho do que outras" (CASTRO; CARNOY, 1997, p.53). Esse enfoque se traduz em apoio permanente, formação dos professores, pesquisa e compromisso em criar um sistema coerente e estável de avaliação e incentivo ao professor.

Essas reflexões nos levam a acreditar que só uma discussão amparada em fundamentos éticos poderá contribuir para pensarmos políticas inclusivas eficientes. A ética aqui entendida como uma construção que só existe na relação com o outro e só se realiza quando sai do apenas conhecer para o entender. Uma ética nascida dos conflitos, não feita de regularidades ou tradições, mas de acordos e conscientizações dos sujeitos envolvidos.

Assim, faz-se necessário que a construção de políticas públicas seja desenvolvida a partir de discussões que envolvam os professores, uma vez que são eles os diretamente ligados às relações de conflitos, são eles que, nas palavras de Ferreira (2006, p.58), "sentem o prazer e a dor de conduzir o outro a caminhos possíveis do exercício de sua liberdade." Não basta produzirem dados e utilizá-los de forma arbitrária na construção de políticas compensatórias ou emergenciais sem levar em conta a autonomia dos profissionais da escola, pois é ela que possibilita ao sujeito estabelecer um "dever ser" a partir da compreensão da necessidade do bem comum.

E, ainda, se as escolas forem apenas executoras e mantenedoras de ordens vindas de cima para baixo, sem diálogo e reconhecimento das diferenças, a violência se instaura e não há legitimação das ações propostas, o educador recusa-se a cumprir tais obrigações gerando relações de conflito. É necessário que essa recusa seja considerada como um indicador de que é preciso mudar, é preciso ouvi-los, pois, de acordo com Lima Vaz (1988, p.31), " o conflito deve pois ser caracterizado fundamentalmente como conflito de valores e não como revolta do indivíduo contra a lei". Nesse sentido, afirma Ferreira (2006, p.60): "Recusar normas impostas e procurar novas possibilidades de estar bem no mundo, consigo mesmo e com o outro, é o ideal da ação ética".

As avaliações, por si sós, não promoverão a qualidade da educação, mas se apresentam como uma das ferramentas indispensáveis para a criação de indicadores que contribuirão para essa qualidade. Para tanto, é preciso que os dados produzidos a partir delas sejam analisados conjuntamente com todos os fatores que influenciaram no desempenho de cada aluno e, a partir daí, busquem-se alternativas para superar as barreiras contextuais visando não apenas à qualidade, mas à equidade na educação.

Nesse sentido, este estudo buscou apresentar uma abordagem que apresenta a medida real do quanto cada escola contribui para a aprendizagem de seus alunos, tornando possível uma responsabilização ajustada ao seu contexto, facilitando a tomada de decisões e a promoção de políticas e práticas eficientes.

Apesar da grande utilidade do valor agregado para a construção de políticas públicas pelos gestores de sistemas ou mesmo dentro das escolas, é fundamental destacar alguns riscos da sua má utilização. Alguns já foram criticados por vários pesquisadores (GOLDSTEIN; WOODHOUSE, 2008), devendo, portanto, ser evitados. Entre as principais críticas, podemos apontar:

1. Rotular as escolas como as únicas agentes do "sucesso" ou do "fracasso" – Muitos governos podem aderir à política do valor agregado como forma de responsabilizar apenas as escolas por seus resultados, eximindo-se de suas próprias responsabilidades. As políticas meritocráticas adotadas em vários sistemas não darão conta de resolver os problemas da qualidade na educação. É necessário que as escolas sejam chamadas a refletir, de forma cooperativa com os gestores, sobre medidas de melhoramento e aprimoramento de suas práticas;

2. Visão simplista dos resultados – Acreditar que existem alguns fatores que exercem toda a diferença, identificá-los e promover ações de melhoramento escolar, sem levar em consideração as particularidades de cada escola, não surtirá o efeito desejado. Os gestores não deverão aderir a soluções simples, uma vez que existe uma complexidade inerente aos fatores associados ao desempenho de cada estudante;

3. Utilização de dados de baixa qualidade na medida de valor agregado – a construção da medida de valor agregado exige critérios que nem sempre são fáceis de serem observados. Um banco de dados confiável, com o máximo de informações possíveis sobre cada aluno, com informações de resultados em escala longitudinal e percebida durante um

determinado tempo, são fundamentais para se produzir um indicador confiável. Além disso, é necessário que essa medida seja repetida ao longo de algum tempo, de forma a garantir uma determinada estabilidade nos resultados.

Toda política ou projetos educativos que vêm sendo implementados nos dias de hoje têm se mostrado ineficazes, porque não modificam os sistemas e as estruturas do presente ou recuam em direção a mitos do passado. Isso pode ser claramente percebido nos atuais projetos de intervenção, de recuperação para alunos com baixo rendimento, na volta dos boletins escolares e da repetência ao final do ano letivo, entre outras ações que a SMED-BH tem praticado. Assim, a escola tenta manter tradições dificultando a formação ética e valorizando a formação moralista, tenta buscar uma categorização única para grupos heterogêneos, inventa verdades, hierarquiza o saber; quando o ideal seria indagar as regras para incluir saberes diferentes.

De fato, a Secretaria de Educação impõe ao professores ações e projetos que não levam em consideração as dificuldades vividas, nem as causas destas, o discurso é sempre produtor de uma barreira rígida que não permite escutá-los, não lhes permite serem parceiros, e, assim, quanto mais os professores discordam ou se recusam a cumprir projetos fadados ao fracasso, mais a Secretaria produz forma de repressão obstruindo possibilidades de diálogos.

Faz-se necessário, também, que os idealizadores de políticas públicas e educacionais saiam de seus lugares confortáveis e busquem conhecer aqueles de quem se fala, para quem se planejam ações e dos quais pouco se conhece, visto que a presença real do aluno nos gabinetes é praticamente inexistente. Não há uma aproximação real deles para ver seus rostos, ouvir suas vozes e descobrir suas necessidades (FERRE, 2001).

Todos os anos, muitas informações são obtidas por meio das avaliações sistêmicas e de seus questionários contextuais. E, todos os anos, outras ações são pensadas no sentido de gerar mais informações. Entretanto, essas informações não são utilizadas nem divulgadas de forma adequada. Não se prestam a gerar discussões em busca de maior equidade ou qualidade da educação. Não vão à raiz do problema, contentam-se em permanecer nas consequências sem buscar as causas.

As dificuldades encontradas pelas escolas ao enfrentarem os alunos dessa nova geração são uma especificidade da contemporaneidade. Os alunos possuem características próprias, dificuldades particulares que compõem seu próprio contexto de vida. Daí a importância de uma reflexão que parta do pressuposto de que a escola necessita de uma formação que venha ao encontro dos anseios e que atenda à realidade.

Referências

CASTRO, Cláudio de Moura; CARNOY, Martin. *Como anda a reforma da educação na América Latina?*. Rio de Janeiro: Fundação Getúlio Vargas, 1997.

DEARING, R. *The National Curriculum and Its Assessment*: Ínterim Report. London: School Curriculum and Assessment Authority, 1993.

FERRE, Núbia Perez de Lara. Identidade, diferença e diversidade: manter viva a pergunta. In: LAROSA, Jorge; SKLIAR, Carlos (Org.). *Habitantes de Babel*. Belo Horizonte: Autêntica, 2001. p. 195-232.

FERREIRA, Amauri Carlos. A morada do educador: ética e cidadania. *Educação em Revista*, Belo Horizonte, v.43, p. 57-72, 2006.

GOLDSTEIN, Harvey. Modelos da realidade: novas abordagens para a compreensão de processos educacionais. In: FRANCO, Creso (Org.). *Avaliação, ciclos e promoção na educação*. Porto Alegre: Artmed, 2001. p. 85-99.

GOLDSTEIN, Harvey; WOODHOUSE, Goeffrey. Pesquisa sobre eficácia escolar e políticas educacionais. In: BROOKE, Nigel; SOARES, José Francisco. *Pesquisa em eficácia escolar*: origens e trajetórias. Belo Horizonte: Ed. UFMG, 2008. p. 25-32.

GRUPO DE AVALIAÇÃO E MEDIDAS EDUCACIONAIS-UFMG (GAME). *Avaliação da Implementação do Projeto Político-Pedagógico Escola Plural*. Belo Horizonte, 2000.

GRUPO DE AVALIAÇÃO E MEDIDAS EDUCACIONAIS-UFMG (GAME). *Contribuições do GAME para análise dos resultados do SIMAVE e da ANRESC/PROVA BRASIL*. Belo Horizonte, 2006.

LEE, Valerie. Medidas educacionais: avaliando a eficácia das escolas em termos de excelência e de equidade. In: FRANCO, Creso; BONAMINO, Alicia; BESSA, Nícia (Org.). *Avaliação da Educação Básica*. Rio de Janeiro: Ed. PUC-Rio; São Paulo: Loyola, 2004.

LEI Nº 9.963 DE 25 DE AGOSTO DE 2010. Diretrizes para a elaboração da Lei do Orçamento Anual de 2011. Disponível em: <http://portalpbh.pbh.gov.br/pbh/ecp/comunidade.do?evento=portlet&pIdPlc=ecpTaxonomiaMenuPortal&app=contaspublicas&tax=19983&lang=pt_BR&pg=6420&taxp=0&>. Acesso em: ago. 2011.

PREFEITURA MUNICIPAL DE BELO HORIZONTE Plano estratégico de Belo Horizonte 2030: A Cidade que queremos. 2ª versão. P. 38. Disponível em: < https://

bhmetaseresultados.pbh.gov.br/sites/all/themes/metas/pdf/planejamento_2030.pdf >. Acesso em: nov. 2013.

PREFEITURA MUNICIPAL DE BELO HORIZONTE. Disponível em: <http://portalpbh.pbh.gov.br/pbh/ecp/noticia.do?evento=portlet&pAc=not&idConteudo=34319&pIdPlc=&app=salanoticias>. Acesso em: abr. 2011.

PREFEITURA MUNICIPAL DE BELO HORIZONTE. Disponível em: <http://portalpbh.pbh.gov.br>. Acesso em: abr. 2011.

PREFEITURA MUNICIPAL DE BELO HORIZONTE. *Plano Estratégico BH Metas e Resultados*, 2009. Disponível em: <http://www.bhmetaseresultados.pbh.gov.br>. Acesso em abril de 2011.

PREFEITURA MUNICIPAL DE BELO HORIZONTE. Secretaria Municipal de Educação. *Projeto Básico Avalia BH*: Sistema de Avaliação do Ensino Fundamental da Rede Municipal de Ensino de Belo Horizonte. Belo Horizonte, 2009.

SOARES, J. F.; CÉSAR, C. C.; MAMBRINI, Juliana. Determinantes de desempenho dos alunos do ensino básico brasileiro: evidências do SAEB de 1997. In: FRANCO, C. (Ed.). *Promoção, ciclos e avaliação educacional.* Porto Alegre: Artmed, 2001. p. 121-153.

SOARES, J. F.; MARTINS, M. I.; ASSUNÇÃO, N. B. A. Heterogeneidade Acadêmica dos Alunos Admitidos na UFMG e PUC-MG. *Ensaio: Avaliação e Políticas Públicas em Educação*, v. 6, n. 18, p. 57-65, 2008.

SOARES, José F. O efeito da escola no desempenho cognitivo de seus alunos. *REICE. Revista Electrónica Iberoamericana sobre Calidad, Eficácia y Cambio em Educación*, Madri, v. 2, n. 2, p. 83-104, jul./dicie. 2004.

VAZ, Henrique C. de Lima. *Escritos de Filosofia II*: ética e cultura. São Paulo: Loyola, 1988.

WILLMS, J. Douglas. A estimação do efeito da escola. In: BROOKE, Nigel; SOARES, José Francisco. *Pesquisa em eficácia escolar*: origens e trajetórias. Belo Horizonte: Ed. UFMG, 2008. p. 261-272.

Sobre os autores

Ângela Imaculada Loureiro de Freitas Dalben - Possui graduação em Música (Piano) e Pedagogia pela Universidade Federal de Minas Gerais (UFMG), ambos em 1974. Mestre (1990) e doutora (1998) em Educação pela UFMG. É professora associada da UFMG, coordenadora da Rede Veredas – Formação Superior de Professores em exercício dos anos iniciais do Ensino Fundamental. Diretora da MAGISTRA – Escola de Formação e Desenvolvimento Profissional de Educadores da Secretaria de Estado de Educação de Minas Gerais. Para mais informações, acesse: <http://lattes.cnpq.br/5287893278123074>.

José Cosme Drumond - Possui graduação em Pedagogia pela Universidade Federal de Minas Gerais (UFMG, 1979). Mestre em Educação pela Universidade do Estado do Rio de Janeiro (UERJ, 2007). Doutor em Educação pela UFMG (2011). Professor aposentado da Universidade do Estado de Minas Gerais (UEMG), professor da Pontifícia Universidade Católica de Minas Gerais (PUC/MG) e da Faculdade Estácio de Sá de Belo Horizonte (FESBH). Para mais informações, acesse: <http://lattes.cnpq.br/5545336332444650>.

Luciano Mendes de Faria Filho - Possui graduação em Pedagogia pela Universidade Federal de Minas Gerais (UFMG, 1988). Mestre em Educação pela UFMG (1991). Doutor em Educação pela Universidade de São Paulo (USP, 1996). Professor Titular da Faculdade de Educação da UFMG. Atualmente, é membro da Câmara de Ciências Humanas, Sociais e Educação (CHE) da FAPEMIG. Coordenador-Geral do Projeto "Pensar a Educação Pensar o Brasil 1822 – 2022". Para mais informações, acesse: <http://lattes.cnpq.br/5231108948366370>.

Maria Alice Nogueira - Possui graduação em Ciências da Educação pela Universidade de Paris V (1972) e em Pedagogia pela Faculdade de Filosofia, Ciências e Letras de Santo André (1973). Doutora em Educação pela Universidade de Paris V (1986). Professora Titular da Faculdade de Educação da Universidade

Federal de Minas Gerais (UFMG). Coordenadora do Observatório Sociológico Família-Escola (OSFE) – FaE/UFMG. Coordenadora do GT Educação e Sociedade da Sociedade Brasileira de Sociologia, desde 2004. Para mais informações, acesse: <http://lattes.cnpq.br/9543227391255854>.

Paulo Henrique de Queiroz Nogueira - Possui graduação Licenciatura em Filosofia pela Universidade Estadual do Ceará (UECE, 1989). Mestre (2000) e doutor (2006) em Educação pela Universidade Federal de Minas Gerais (UFMG). Professor adjunto da Faculdade de Educação da UFMG. Para mais informações, acesse: <http://lattes.cnpq.br/8909526439792166>.

Ramón Correa de Abreu: Possui Graduação em História pela Universidade Federal de Minas Gerais (UFMG, 1987). Mestre em Educação pela UFMG (2002). Professor da Rede Municipal de Educação da Prefeitura Municipal de Belo Horizonte. Foi diretor da Escola Municipal Geraldo Teixeira da Costa (1993-1996). Coordenou o Centro de Referência de Assistência Social Santa Rosa (CRAS- Santa Rosa) da Secretaria Adjunta de Administração Regional de Serviços Sociais da PBH.

Samira Zaidan - Possui graduação em Matemática (1979) pela Faculdade de Filosofia, Ciências e Letras de Moema (SP). Mestre (1993) e doutora (2001) em Educação pela Universidade Federal de Minas Gerais (UFMG). É professora associada da UFMG e diretora da Faculdade de Educação (UFMG). Coordenadora do grupo de pesquisa "Espaços educativos, produção e apropriação de conhecimentos matemáticos". Para mais informações, acesse: <http://lattes.cnpq.br/7583757578863205>.

Simone de Assis Costa - Possui graduação em Pedagogia (2001) pela Universidade do Estado de Minas Gerais (UEMG). Mestre em Educação pela UFMG (2011). Atualmente, é Vice-diretora da Escola Municipal Vila Fazendinha da Rede Municipal de Educação da Prefeitura Municipal de Belo Horizonte. Para mais informações, acesse: <http://lattes.cnpq.br/9340283418591102>.

Os organizadores

Eduardo José Pereira Maia - Possui graduação Licenciatura em Geografia pela Universidade do Estado do Rio de Janeiro (UERJ, 1997). Mestre em Educação pela Universidade Federal Fluminense (UFF, 2005). Doutor em Educação pela Universidade Federal de Minas Gerais (UFMG, 2014). É professor adjunto do Departamento de Geografia da Universidade Federal do Rio de Janeiro (UFRJ). Para mais informações, acesse: <http://lattes.cnpq.br/1505065808955461>.

Marileide Lopes dos Santos - Possui graduação em Pedagogia pela Universidade Federal de Minas Gerais (UFMG, 2004). Mestre (2007) e doutora (2014) em Educação pela UFMG. Professora da Rede Municipal de Educação da Prefeitura Municipal de Belo Horizonte. Para mais informações, acesse: <http://lattes.cnpq.br/3431080266205866>.

Tarcísio Mauro Vago - Possui graduação Licenciatura em Educação Física pela Universidade Federal de Minas Gerais (UFMG, 1983). Mestre em Educação pela UFMG (1993). Doutor em Educação pela Universidade de São Paulo (USP, 1999). É Professor Titular do Departamento de Educação Física da Escola de Educação Física, Fisioterapia e Terapia Ocupacional da UFMG. Professor do Programa de Pós-graduação "Conhecimento e Inclusão Social", da Faculdade de Educação da UFMG. Coordenador do Projeto Pensar a Educação Pensar o Brasil 1822-2022". Para mais informações, acesse: <http://lattes.cnpq.br/3671595343974895>.

Este livro foi composto em tipologia Arno Pro
e impresso em papel Offset 75g/m^2 (miolo) e
Cartão 250g/m^2 (capa), no mês de novembro de
dois mil e quatorze.